FARANDOLE

PAR

LE VICOMTE PONSON DU TERRAIL

auteur de

La Comtesse de Gramont, la Tour du Roi, les Bohémiens de Londres, les Bohêmes de Paris, Coquelicot, le Testament de Grain-de-Sel, le Trou de Satan, les Chevaliers du Clair de lune, Amaury le Vengeur, la Belle Antonia, les Etudiants de Heidelberg, les Gandins, la Jeunesse du roi Henri, le Serment des Quatre Valets, les Mémoires d'un Homme du Monde, le diamant du Commandeur, les Drames de Paris, les Exploits de Rocambole, le Club des Valets de Cœur, la Revanche de Baccarat, la Dame au Gant noir, les Compagnons de l'Epée, etc.

I

PARIS

L. DE POTTER, LIBRAIRE-ÉDITEUR

RUE FONTAINE MOLIÈRE, 27.

FARANDOLE

NOUVEAUTES EN LECTURE.
DANS TOUS LES CABINETS LITTÉRAIRES.

Les Demoiselles de Magasin, par Ch. Paul de Kock, 6 v. in-8.
Bob le Pendu, par Xavier de Montépin, 3 vol. in-8.
Le Bâtard du Roi, par Clémence Robert, 4 vol. in-8.
Les Bohémiens de Londres, par P. du Terrail, 4 vol. in-8.
Le Roi des Rossignols, par Alexandre de Lavergne, 4 vol. in-8.
Les Amoureux d'une honnête Fille, par M. Perrin, 2 v. in-8.
La Dette de Sang, par la Comtesse Dash, 2 vol. in-8.
Les Métamorphoses du Crime, par X. de Montépin, 6 v. in-8.
Coquelicot, par le vicomte Ponson du Terrail, 4 vol. in-8.
Le Mendiant de Tolède, par Molé-Gentilhomme et Constant-Guéroult, 4 vol. in-8.
Les Buveurs d'Absinthe, par Henry de Kock, 6 vol. in-8.
Les Chevaliers de l'As de Pique, par A. Blanquet, 4 v. in-8.
Les Bohêmes de Paris, par Ponson du Terrail, 7 v. in-8.
Crochetout le Corsaire, roman maritime par E. Capendu, 6 v. in-8.
Un Crime Mystérieux, par la Comtesse Dash, 3 vol. in-8.
Les Bateleurs de Paris, par Clémence Robert, 2 vol. in-8.
L'Oiseau du Désert, par Elie Berthet, 5 vol. in-8.
Ecoliers et Bandits, par Edouard Devicque, 4 vol. in 8.
Les trois Hommes Noirs, par Luc-Chardall, 4 vol. in-8.
Le Trou de Satan, par Ponson du Terrail, 3 vol. in-8.
La Famille de Marsal, par Alex. de Lavergne, 7 vol. in-8.
Les Compagnons de la Torche, par X. de Montépin, 5 v. in-8.
Le Chevalier de la Renaudie, par Edouard Devicque, 5 vol. in-8.
Les Démons de la Mer, par Henry de Kock, 6 vol. in-8.
La Belle Antonia, par Ponson du Terrail, 3 vol. in-8.
Alain de Tinteniac, par Théodore Anne, 3 vol. in-8.
Le Gentilhomme Verrier, par Elie Berthet, 6 vol. in-8.
La Filleule d'Arlequin, par Maximilien Perrin, 2 vol. in-8.
Noélie, par Eugène Scribe, 4 vol in-8.
Les Chevaliers du Clair de lune, par P. du Terrail, 7 v. in-8.
Amaury le Vengeur, par Ponson du Terrail, 7 vol in-8.
La Maîtresse du Proscrit, par Emmanuel Gonzalès, 4 vol. in-8.
L'Homme Rouge, par Ernest Capendu, 5 vol. in-8.
L'Ame et l'Ombre d'un Navire, par G. de la Landelle, 5 v. in-8
La Sorcière du Roi, par la comtesse Dash, 5 vol. in-8.
Les Sabotiers de la Forêt noire, par E. Gonzalès, 3 vol, in-8.
Le Nain du Diable, par la comtesse Dash, 4 vol. in-8.
Le Ménage Lambert, par A. de Gondrecourt, 2 vol. in-8.
Fleurette la Bouquetière, par Eugène Scribe, 6 vol. in-8.
Le Parc aux Biches, par Xavier de Montépin, 7 vol. in-8.
Les Etudiants de Heidelberg, histoire du siècle de Louis XIV, par le vicomte Ponson du Terrail, 7 vol. in-8.
Les Mystères de la Conscience, par Etienne Enault, 4 v. in-8.
Les Gandins, par Ponson du Terrail, 6 vol. in-8.
L'Homme des Bois, par Elie Berthet, 6 vol. in-8.
Les trois Fiancées, par Emmanuel Gonzalès, 3 vol. in-8.

Pour la suite des Nouveautés, demander le Catalogue général qui se distribue gratis.

Wassy. — Imp. de Mougin-Dallemagne.

FARANDOLE

PAR

LE VICOMTE PONSON DU TERRAIL

AUTEUR DE :

La Comtesse de Gramont, la Tour du Roi, les Bohémiens de Londres, les Bohêmes de Paris, Coquelicot, le Testament de Grain-de-Sel, le Trou de Satan, les Chevaliers du Clair de lune, Amaury le Vengeur, la Belle Antonia, les Etudiants de Heidelberg, les Gandins, la Jeunesse du roi Henri, le Serment des Quatre Valets, les Mémoires d'un Homme du Monde, le diamant du Commandeur, les Drames de Paris, les Exploits de Rocambole, le Club des Valets de Cœur, la Revanche de Baccarat, la Dame au Gant noir, les Compagnons de l'Epée, etc.

I

PARIS

L. DE POTTER, LIBRAIRE-ÉDITEUR

RUE FONTAINE MOLIÈRE, 27.

Droits de traduction et de reproduction réservés

LES
CHEVALIERS DE L'AS DE PIQUE

PAR
ALBERT BLANQUET

Auteur des *Amours de d'Artagnan*, la *Belle Féronnière*, le *Parc aux Cerfs*, les *Enfants du Curé*, le *Roi d'Italie*, la *Giralda de Séville*, etc., etc.

Ce Roman est un chapitre saisissant de la vie parisienne : les détails les plus curieux, les révélations les plus piquantes sur une vaste association criminelle, une action émouvante, des scènes mystérieuses et terribles, toujours prises sur nature ; une donnée des plus originales, des caractères nouveaux, des types variés, étranges ; — des situations comiques, un intérêt soutenu, de la réalité ; — les fureurs du jeu, les horribles douleurs qui font, souvent, de toute femme qui a failli une martyre de nos lois et de nos préjugés ; les hardiesses du voleur, les bas calculs du faussaire et de l'empoisonneur, les épouvantes de l'adultère ; — le choc de ces passions et de ces vices a fourni à l'auteur les principaux éléments de ce drame qui est une histoire véritable, — et dont l'auteur a été le témoin oculaire. M. Albert Blanquet l'a racontée avec la verve et le talent que ses œuvres précédentes ont fait apprécier du public.

LES TROIS HOMMES NOIRS

PAR
LUC-CHARDALL

Le consciencieux moraliste, l'observateur profond, le conteur plein d'humour et de grâce qui, sous le voile assez transparent de Luc-Chardall, a enrichi la librairie moderne de ce tableau si vrai des mœurs champêtres appelé la *Ferme aux Loups*, a voulu prouver que, dans un genre diamétralement opposé, ses puissantes facultés d'observation, de conception et de style, ne lui feraient pas défaut.

Il a plus que réussi.

Le nouveau roman les *Trois Hommes Noirs* que nous publions aujourd'hui est une grande étude historique des premiers événements qui ont ensanglanté le commencement du siècle. A chaque pas le drame s'y mêle au comique, le rire cotoie les larmes et se confond parfois avec elles. Mais ce qui domine tout dans cette nouvelle œuvre de Luc-Chardall, au milieu de la combinaison hardie des scènes tour à tour gaies et terribles qui composent, c'est la peinture, vraie, fidèle, vigoureuse d'une des plus imposantes physionomies de notre histoire au début du premier empire.

Nous n'hésitons pas à prédire au roman les *Trois Hommes Noirs* un succès qui fera date dans l'histoire littéraire de notre temps.

Wassy. — Imprimerie de MOUGIN-DALLEMAGNE.

PROLOGUE

L'Auberge du corbeau vivant.

C'était en 1793 . . . .

Le vent d'hiver sifflait, arrachant aux arbres de la forêt de Sénart de lugubres craquements.

Le sol, détrempé par les dernières neiges qu'un pâle rayon de soleil avait fondues, était boueux et glissant aux pieds.

Depuis longtemps déjà la nuit était venue : une nuit obscure, sinistre, féconde en mystérieuses épouvantes.

A chaque pas qu'ils faisaient, les voyageurs s'arrêtaient, prêtaient l'oreille, essayaient de sonder les ténèbres, et semblaient n'oser s'avancer davantage.

« Où sommes-nous, mon Dieu ! mon bon Jérôme ? dit une voix qui, malgré son angoisse, demeurait fraîche et pure comme le tintement de l'*Angelus* parmi les éléments déchaînés.

— Je ne sais pas, mademoiselle, répondit une voix plus grave, la voix d'un vieillard ; mais ce que je sais bien, c'est que le bon Dieu protége ceux qui sont en péril et se recommandent à lui. Ainsi, prenez courage, et marchons.

— Ah ! je suis si lasse, mon bon Jérôme ! comme c'est loin, Paris ! Voici huit jours que nous demandons notre chemin, et toujours on nous dit : « C'est loin encore ! »

— Paris est loin, en effet, mademoiselle, mais nous finirons bien par y arriver.

— Mon Dieu ! pourvu que je retrouve mon père et mon frère, dont nous n'avons pas la moindre nouvelle.

— Nous les retrouverons. Ne vous l'ai-je pas dit, Dieu assiste ceux qui ont foi en lui.

— Puisse-t-il t'entendre, mon bon

Jérôme, » murmura la jeune fille, qui paraissait épuisée de fatigue.

Tout à coup un bruit lointain se fit entendre, c'était le galop précipité d'un cheval.

« Vous le voyez, mademoiselle, dit Jérôme, on n'invoque jamais Dieu en vain. Nous sommes égarés, et voici un cavalier qui, sans doute, va nous remettre dans notre chemin. »

Le cheval galopait avec furie ; au bout de quelques minutes, sa silhouette et celle de son cavalier se détachèrent en vigueur au milieu des ténèbres.

« Citoyen ! » cria Jérôme.

Au bruit de cette voix, le cheval s'arrêta brusquement.

« Que me veut-on ? demanda le cavalier, qui, si on en jugeait par le son de sa voix, était jeune.

— Citoyen, continua Jérôme, prends pitié d'un pauvre paysan et de sa fille qui se rendent à Paris et se sont perdus dans les bois. »

Le cavalier répondit avec bonté :

« Si vous n'avez pas absolument besoin d'aller à Paris cette nuit, je vous conseille de coucher en route. Il ne fait pas bon à Paris, d'abord ; ensuite, vous en êtes encore à près de quatre lieues. Mais suivez ce sentier, et tournez à droite, vous verrez de la lumière dans l'éloignement. Il y a là une auberge, à l'enseigne du *Corbeau vivant*, où vous pourrez passer la nuit.

— Merci, répondit Jérôme. Citoyen, je

n'oublierai pas le service que tu nous rends.

— Excusez-moi, répondit le cavalier. Excusez-moi, je suis pressé. »

Et il mit l'éperon aux flancs de son cheval et disparut dans les ténèbres.

La jeune fille avait pris le bras du vieillard et s'appuyait sur lui.

« Ah ! disait-elle, pourquoi mon père et mon frère sont-ils allés à Paris ? Nous étions si bien dans notre calme province, aux pieds de nos vertes collines morvandelles, au bord du Cousin, notre jolie rivière.

— Votre père et votre frère, mademoiselle, répondit Jérôme, ont fait leur devoir en demeurant auprès de leur roi captif et persécuté. »

Et tout en parlant ainsi, malgré leur lassitude extrême, les deux voyageurs continuaient à marcher, et comme le sentier qu'ils suivaient inclinait brusquement à droite, ils aperçurent un point rougeâtre dans le lointain.

On eût dit la lueur d'une lanterne dans le brouillard.

« Voilà sans doute l'auberge dont nous a parlé cet homme à cheval, dit Jérôme.

— As-tu remarqué, mon bon Jérôme, comme il avait la voix émue ? reprit la jeune fille.

— Non, mademoiselle.

— Ce doit-être un jeune homme, poursuivit-elle, et sans doute, oh ! je le jurerais, il était en proie à une vive douleur et à une agitation extrême, car sa voix tremblait bien fort.

— Je n'ai pas remarqué, » dit le vieillard.

A mesure qu'ils avançaient, le point lumineux s'agrandissait petit à petit, et bientôt les deux voyageurs aperçurent une maison au milieu des arbres.

Ils firent quelques pas encore, et le bruit d'une chanson vint mourir à leur oreille :

> Ah ! ça ira ! ça ira !
> Les aristocrates à la lanterne !

chantait une voix nasillarde, fortement

empreinte de la mélopée provençale.

Ce chant d'extermination, qui, déjà, avait fait le tour de la France, donna le frisson à la jeune fille.

« Oh ! n'allons pas là ! dit-elle, marchons encore. »

Mais le vieillard répondit :

» Qu'avons-nous à craindre, mademoiselle ? N'êtes-vous pas vêtue comme une paysanne morvandelle, avec un fichu rouge sur la poitrine, des mitaines de tricot aux mains et des sabots aux pieds ? Et ne suis-je pas, moi, le meunier le plus accompli des environs de Clamecy-sur-Nièvre ?

— C'est juste, dit la jeune fille.

— Marchons donc, poursuivit le vieillard, et Dieu nous assistera. »

Ils cheminèrent encore, trébuchant parfois, mais avançant toujours. A mesure qu'ils approchaient, la lumière prenait des proportions plus vastes, la maison se dessinait plus distinctement sur le ciel nuageux, et la chanson leur arrivait plus stridente.

« Ces gens-là ne sont pas des hommes !

murmura la jeune fille. Ah! mon pauvre Jérôme, si tu m'en crois, et bien que je sois affreusement lasse, nous éviterons cette maison et nous irons toujours droit devant nous.

« Vous êtes folle, mademoiselle.

— Ah! j'ai peur, fit-elle, j'ai peur.

— Ne suis-je pas avec vous ? »

La voix mâle du vieux Jérôme rassura un peu la pauvre enfant.

« Comme Dieu voudra ! » dit-elle.

Et ils continuèrent leur chemin.

La maison d'où s'échappait cette lumière rougeâtre qui depuis un quart d'heure guidait les voyageurs égarés s'élevait au milieu d'un carrefour de forêt, au bord d'un chemin pierreux et mal entretenu, qui s'appelait alors la route de Paris à Melun.

C'était une odieuse construction en pisé et en torchis, couverte de branches d'arbres liées en fascines, avec du papier huilé aux croisées en guise de vitres, une porte mal jointe, un seul étage, et une cheminée unique du tuyau de laquelle s'échappait une colonne de fumée. A l'entour se dressait, comme autant de fantômes, les arbres dépouillés de la forêt, et devant la porte surgissait un poteau qui portait pour indication : *Route du Chêne tordu.*

« Jérôme ! Jérôme ! supplia une dernière fois la jeune fille, au nom du ciel, n'allons pas là !... »

La chanson des patriotes continuait à retentir, et le *Ça ira* arrivait aux oreilles effrayées de la pauvre enfant comme un glas funèbre.

A ce chant, véritable chant de mort, se joignent le cliquetis des verres, les paroles bruyantes, les éclats de rire d'une nombreuse compagnie. Mais le vieux Jérôme n'eut aucun égard pour la terreur de celle qu'il appelait *mademoiselle*, et il frappa rudement à la porte.

« O mon Dieu ! mon Dieu ! pria la jeune fille, ayez pitié de moi, j'ai peur, j'ai peur ! »

. . . .

Au dedans comme au dehors, c'était bien le même aspect sinistre.

Les maîtres étaient au coin du feu, un maigre feu de bois vert, d'où s'échappaient de lugubres étincelles, étoiles confuses dans un brouillard de fumée grise.

Les hôtes entouraient une table chargée des débris vulgaires d'un souper de cabaret.

Table graisseuse, dépourvue de nappe, encombrée de bouteilles vides, de verres demi-pleins, d'assiettes ébréchées.

A l'entour de l'âtre, il y avait un homme entre deux âges, coiffé d'un bonnet de laine rouge, vêtu d'une blouse bleue, les pieds dans des sabots garnis de paille.

Il avait l'œil gris, la lèvre mince et railleuse, le front fuyant, les cheveux grisonnants sur les tempes, les favoris épais et noirs.

Type complet du paysan des environs de Paris, cet homme fumait silencieusement dans une pipe à court tuyau, se tournait parfois pour prêter l'oreille aux propos de ses hôtes, souriait sans mot dire, et ramenait ensuite son regard louche vers les tisons mal enflammés du foyer

A sa droite était une de ces femmes qui n'ont pas d'âge, qui peuvent avoir trente ans ou soixante, selon le jeu qu'elle impriment à leur physionomie.

Petite, chétive, horriblement grêlée, les cheveux d'un roux jaunâtre, les dents noires, le menton pointu, les joues osseuses, mais le regard brillant, audacieux, effronté, cette créature était épouvantable à voir. Ce n'était ni la femme, ni la mère, ni la fille du maître de la maison.

C'était un être sans état civil, sans patrie, sans famille, un être venu on ne savait d'où, mais vomi par quelque bouche de l'enfer, assurément, et qui s'était endormi, un soir, les pieds ensanglantés, le corps couvert de haillons et de vermine, sur le seuil de l'auberge de maître Gourju.

Gourju était le nom du cabaretier.

Cette femme, mendiante la veille, était devenue maîtresse le lendemain.

Comment, par quel procédé magique était-elle parvenue à capter la confiance de maître Gourju, à s'installer chez lui, à veiller sur ses intérêts et à conduire l'auberge ?

Au bout de dix ans, c'était encore un mystère.

Mais depuis que la Mayotte, c'était son nom, présidait au comptoir du *Corbeau vivant*, le sinistre cabaret avait vu grandir sa mauvaise réputation.

Les bûcherons de la forêt, les paysans du voisinage n'entraient jamais dans ce repaire. Seuls, quelques rouliers attardés y buvaient en passant un verre de vin.

De terribles et sombres légendes couraient même dans la contrée. Bien avant l'époque où commence ce récit, et quand la France jouissait d'une paix profonde, plus d'un voyageur attardé avait trouvé, disait-on, une fin mystérieuse dans le cabaret du *Corbeau vivant*.

A Mongeron, à Villeneuve, à Brunoy et tout alentour de la forêt de Sénart, on avait longtemps appelé le cabaret du *Corbeau vivant* le coupe-gorge de la *Trinité*. Ce nom étrange venait des trois personnes qui habitaient l'auberge forestière, maître Nicolas Gourju, la Mayotte et le *Vieux*.

Ce dernier personnage, ainsi dénommé par abréviation, était le père du cabaretier. — Un petit vieillard sec, anguleux, aux yeux verts, au nez pointu, parlant peu, mais ayant un sourire de mauvais augure.

Celui-là était assis à la gauche de maître Nicolas Gourju et remuait à chaque instant les tisons du foyer.

Autour de la table il y avait six personnes, quatre gendarmes et deux pékins, comme on eût dit une dizaine d'années plus tard.

Les quatre gendarmes venaient de Paris; deux paraissaient être de vigoureux

Alsaciens, un troisième se vantait en tordant sa moustache d'être né dans le faubourg Antoine.

Le quatrième enfin, qui était le plus jeune et qui portait sur le bras les galons de brigadier, avait une jolie moustache brune, un sourire railleur et fin; et un grand œil bleu mélangé de fierté et de douceur.

On l'appelait l'*Aristo*. Ce sobriquet lui venait de sa tournure distinguée, de ses mains blanches et de son petit pied, bien qu'il eût déclaré, deux années auparavant, en prenant du service, qu'il se nommait Jean-Népomucène Denis, fils d'un cordier de Bordeaux.

A la droite de l'Aristo se tenait un personnage curieux à examiner.

Il était vêtu d'un carmagnole, coiffé d'un bonnet rouge, fumait dans une pipe dite brûle-gueule, pouvait avoir trente-cinq ans environ, portait toute sa barbe, qui était noire, et montrait en riant d'un méchant rire deux rangées de dents blanches et pointues comme celles d'un animal carnassier.

« Aussi vrai que Paris est un gros village auprès de Marseille, dit ce dernier personnage en achevant son fameux *Ça ira!* — car c'était lui qui chantait, — aussi vrai que l'Aristo a plutôt l'air d'un colonel que d'un brigadier, je vous affirme, citoyens, que le monsieur que voilà aura bien de l'agrément à Paris demain. »

En parlant ainsi, l'homme à la carmagnole, qui n'était autre qu'un de ces fameux Marseillais qui étaient venus à Paris demander la tête de Louis XVI ; l'homme à la carmagnole, disons-nous, montrait le sixième hôte de l'auberge du *Corbeau vivant.*

C'était un grand jeune homme aux longs bras, aux jambes osseuses, maigre comme une cheville, osseux comme une vieille, la tête couverte de cheveux jaunes, l'œil bleu dépourvu de sourcils, la bouche garnie de bonnes grosses lèvres naïves, sur lesquelles un beau sourire d'outre-Rhin s'épanouissait à l'aise. Il portait une redingote à brandebourgs de couleur grise, une petite casquette cirée, un étui de fer-blanc en bandouillère et des bottes molles plissées.

Il s'exprimait difficilement en français. Cependant il parvenait à se faire comprendre, et avait annoncé en entrant dans l'auberge qu'il se nommait Fritz Müller, natif de Munich, et était étudiant en médecine de l'université de Heidelberg.

Il avait marché tout le jour, se dirigeant

sur Paris, était arrivé à l'entrée de la forêt comme la nuit arrivait, et avait fait rencontre du Marseillais dans le chemin qui conduisait au *Corbeau vivant*.

Le Marseillais lui avait servi de guide.

Lorsqu'ils étaient entrés dans l'auberge, les gendarmes s'y trouvaient déjà et se mettaient à table pour souper.

Le Marseillais avait pris une chaise en disant :

« Quand il y a pour quatre, on trouve aisément pour cinq.

— Et même pour six, » avait ajouté l'Aristo en avançant un siége et faisant place à l'Allemand de Heidelberg.

On avait soupé bravement. Le lard salé et les pommes de terre accommodés par la Mayotte avaient été convenablement arrosés par une douzaine de litres de petit bleu.

Chacun avait payé son écot de gaieté.

Les gendarmes alsaciens avaient crié *Vive la République!* le Parisien du faubourg Antoine avait raconté une scène du dernier opéra joué à Paris ; l'Aristo avait prétendu que, bien qu'on fût au 20 janvier 1793, il se sentait assez chaud pour ôter son uniforme, ce qu'il avait fait au grand scandale de ses trois subordonnés.

Enfin, le Marseillais avait entonné le *Ça ira!*

Seul l'Allemand était demeuré grave et mélancolique, comme il sied à un homme né dans le pays de la poésie, de la choucroute et des cigognes.

Aussi, lorsque le Marseillais prononça

ces paroles : « Monsieur aura peu d'agrément à Paris, » l'étudiant leva-t-il la tête et regarda-t-il son interlocuteur d'un air étonné et naïf.

« Et pourquoi cela ? » demanda-t-il.

Les gendarmes et le Marseillais se regardèrent d'un air qui signifiait :

« Ah ça ! mais d'où vient-il ? Il ne sait donc rien ?

Puis le Marseillais reprit :

« Vous êtes Allemand, n'est-ce pas ?

— Oui.

— Non naturalisé Français ?

— Non, dit l'Allemand.

— Alors, fit le Marseillais, on peut se dispenser de l'appeler citoyen.

— C'est juste, observa l'Aristo.

— Eh bien donc, môssieu, continua le Marseillais, j'avais l'honneur de vous dire que vous n'auriez pas grand agrément à Paris.

— Pourquoi ? demanda l'Allemand obstiné.

— Parce qu'on y guillotine pas mal. »

Et de peur que l'Allemand ne comprît pas, le Marseillais eut une pantomime expressive imitant le jeu du couperet qui fait tomber une tête.

L'Allemand se prit à sourire :

« Oh ! je sais... dit-il.

— Ah ! vous... savez ?

— Ya !

— Et cela ne vous effraye pas, tron de l'air ? »

L'Allemand eut un sourire plus large, plus épanoui

« C'est pour cela que je viens, » dit-il.

Cette réponse simple et naïve donna le frisson aux auditeurs, d'autant mieux qu'un septième convive sauta sur la table et vint réclamer sa part du souper, tandis que maître Nicolas Gourju, la Mayotte et le Vieux se retournaient curieusement aux dernières paroles de l'étudiant de Heidelberg.

Ce septième convive, qui venait picorer dans les assiettes demi-pleines, n'était autre que la vivante enseigne du cabaret, un corbeau centenaire qui vivait en liberté dans la maison depuis plus d'un demi-siècle.

« Signe de malheur ! balbutia l'Aristo, qui pâlit soudain.

— Ah ! ricana le Marseillais en s'adressant à l'Allemand, monsieur vient à Paris pour se faire guillotiner ? »

Mais l'étudiant n'eût pas le temps de répondre.

Un bruit se fit au dehors et on frappa résolûment à la porte.

Ce fut la Mayotte qui se leva et alla ouvrir.

Les gendarmes, le Marseillais et l'Allemand tournèrent les yeux vers la porte avec curiosité.

Qui donc arrivait à cette heure attardée ?

On vit apparaître sur le seuil d'abord un homme aux cheveux grisonnants, ensuite une jeune fille.

L'homme était de petite taille, maigre, chétif en ses formes anguleuses.

Il avait la lèvre mince, l'œil profondément enfoncé dans son orbite et d'une mobilité extrême, le nez d'un oiseau de proie, le menton pointu.

Avec cela un air de fausse bonhomie répandu sur tout le visage, le geste rond, la démarche assurée.

Il était vêtu d'une blouse bleue, coiffé d'un feutre gris, chaussé de sabots, et portait, accroché à la boutonnière de son gilet qu'on apercevait par la blouse entr'ouverte, un gros bâton de houx hérissé de nœuds.

« Salut, citoyens ! dit-il. Bonsoir, les amis !... »

On lui rendit son salut amical, mais tous les regards se portèrent sur la jeune fille qui l'accompagnait.

C'était une créature d'une rare beauté, grande, mince, svelte, au front blanc et mat, aux cheveux blonds, à l'œil bleu, aux mains transparentes comme de la cire et mignonnes comme celles d'une duchesse.

Pourtant elle était vêtue d'une robe grossière de cotonnade bleue, portait un fichu rouge au cou et avait emprisonné sa luxuriante chevelure dans un pauvre petit bonnet d'indienne, comme en ont les paysannes morvandelles des bords du Cousin.

Mais sa beauté était si rayonnante, si splendide que, de tous ces hommes qui se trouvaient là, il n'en fut pas un, même le *Vieux*, qui put réprimer un geste d'admiration.

Elle entra rougissante et les yeux baissés.

« Bagasse ! dit le Marseillais, voilà une citoyenne qui n'est pas déchirée, mes amis.

— Une *pelle fâme !* » grommelèrent les Alsaciens.

L'Allemand admira rêveur.

« Un beau brin de fille ! » murmura le Parisien du faubourg Antoine, qui était connaisseur.

Le brigadier de gendarmerie, celui

qu'on appelait l'*aristo*, ne disait rien, lui, mais il tressaillit profondément, et son œil investigateur s'arrêta sur les mains blanches et délicates de la jeune fille.

Quant à la Mayotte, que son horrible laideur chagrinait, elle fut si choquée de cette beauté souveraine qu'elle murmura :

« La jolie chipie ! Avec qui donc ça court-il les grands chemins ? »

— Holà ! citoyenne, dit le nouveau venu, excusez-moi de venir troubler votre souper ; mais il fait un froid de loup en forêt ;

la bise pénétrait sous mon tricot, et ma pauvre fille que voilà était transie.

— Ah! dit maître Nicolas Gourju, l'hôtelier, qui se rangea pour lui faire place au feu, c'est ta fille, citoyen?

— Oui, citoyen, ma propre et légitime fille, Alexandrine-Victoire Machemin, née native de l'Ile-sur-Serein, en pays morvandiau, où je suis meunier de mon état.

— Alors, ricana le Marseillais, c'est pas

étonnant que la citoyenne ait les mains blanches.

— Pourquoi? demanda un des Alsaciens naïfs.

— Parce qu'elle se les lave dans le son.

— *Gombrends pas!* dit le second Alsacien.

— Ce qui, acheva le Marseillais, vaut mieux que d'*éternuer* dedans. »

A cette horrible plaisanterie, les deux Gourju et la Mayotte se mirent à rire, tandis que la pauvre jeune fille s'asseyait toute tremblante devant le feu et ôtait ses sabots pour réchauffer ses pieds endoloris par la marche et le froid.

L'aristo fronça le sourcil et réprima un geste de colère; l'Allemand demeura grave et demanda, impassible :

« Qu'est-ce que vous appelez éternuer dans le son? »

— Mais, dit le Marseillais, vous le saurez prochainement, *môssieur*...

— Comment?

— Puisque vous venez à Paris pour la chose.

— Quelle chose ?

— Est-ce que vous n'avez pas dit que vous vouliez vous faire guillotiner ? »

Le bon Allemand eut un sourire candide.

« Pas précisément, dit-il. Je suis médecin, et je me livre à de sérieuses études sur la mort par la décollation.

— Ah ! ah !

— On dit que la mort par la guillotine est instantanée.

— Vous verrez ça un de ces jours...

— Moi, continua l'Allemand avec flegme, je soutiens le contraire. »

La jeune fille frissonnait ; mais celui que, tout à l'heure, elle appelait *mon bon Jérôme* et qui lui donnait le titre respectueux de *mademoiselle*, regarda le Marseillais en souriant :

« Farceur ! dit-il. »

— Moi, dit la Mayotte, qui se leva sur

ses jambes torses, grimaça un hideux sourire et jeta un regard de haine instinctive à la jeune fille toute tremblante, j'ai vu ça l'autre jour, à Paris, c'est-il drôle !

— La citoyenne aubergiste, s'écria le Marseillais, est une Romaine !

— D'abord, continua la Mayotte, encouragée par ce compliment, il y a beaucoup de monde sur la place. Moi, j'aime la société. Ensuite, on crie : *Vive la République!* et on joue du tambour. C'est amusant !-Et puis celui qui a inventé ce bijoux de ma-

chine-là est un fier lapin tout de même!
On voit monter l'homme, puis on voit courir une planche, puis on a l'air ébloui par un éclair, et c'est fini.

— C'est à donner envie à *môssieur* d'essayer, dit le Marseillais en désignant l'Allemand.

— Tais-toi, la femme! dit brutalement le cabaretier.

— Hein? de quoi? fit la Mayotte, on ne peut donc plus rire maintenant? »

Le vieux Jérôme crut devoir se mêler à la conversation.

« La citoyenne a raison, dit-il, on doit pouvoir rire après boire. »

— Il fit clapper sa langue. — Si j'avais seulement bu un verre de vin... »

Le Marseillais lui tendit son verre qu'il emplit jusqu'au bord.

« A ta santé, citoyen! » dit Jérôme en le vidant d'un trait.

Puis il regarda sa prétendue fille.

« Et toi, petite, as-tu soif? »

— Je n'ai ni soif ni faim, répondit la jeune fille. J'avais bien froid tout à l'heure, mais à présent je suis réchauffée, et je crois que nous pouvons nous remettre en route.

— En voilà des pratiques ! murmura la Mayotte. Ça se chauffe sans donner un liard, et ça vous parle ensuite de s'en aller !...

— Non, ma petite, répondit Jérôme, nous ne nous mettrons pas en route par un temps pareil. Que dirait ta mère, la citoyenne Florine Machemin, ma légitime épouse, si tu tombais malade? Nous sommes ici avec de braves citoyens et sous la protection de la loi!

A ces mots, il salua les gendarmes.

« Mais, dit brutalement la Mayotte, si vous couchez ici, vous dormirez sur une chaise. Nous n'avons pas de lits.

— Auprès du feu, tous les lits sont bons. »

L'Aristo, silencieux jusque-là regarda la Mayotte de travers.

« Est ce que tu couches sur une chaise, toi, citoyenne ?

— Moi, j'ai mon lit...

— Eh bien, tu le céderas à cette jeune fille.

— Plus souvent ! grogna la hideuse créature.

— Bah ! fit le brigadier, une mauvaise nuit est bientôt passée. Et puis, tu ne voudrais pas déplaire à la gendarmerie. »

Ces derniers mots attirèrent au brigadier, de la part du vieux Jérôme, un regard étrange que surprit le Marseillais.

« Ah ça, fit la Mayotte, qui prit une attitude insolente, voilà que vous protégez les aristocrates ? »

La jeune fille rougit jusque dans le blanc des yeux, et le vieux Jérôme crut devoir se troubler si fort que le Marseillais le regarda à son tour fixement.

L'Allemand, en contemplation devant la voyageuse, semblait étranger à tout ce qui se disait et se passait autour de lui.

Mais l'Aristo, à qui n'avaient échappé ni le trouble du vieux Jérôme, ni la rougeur de la jeune fille, ni le regard perspicace du Marseillais, se leva tranquillement et prit la Mayotte sous les aisselles ; puis il l'enleva de terre comme il eût fait d'un enfant.

« Dis donc toi, citoyenne, fit-il, tu n'as qu'à continuer de m'agacer les nerfs, et je te montrerai comment je protége les aristocrates.

— Aïe ! vous me faites mal, geignit la

Mayotte tandis qu'il la reposait sur son escabeau.

— Hé! brigadier, hé! la Mayotte, gronda maître Nicolas Gourju, la paix s'il vous plaît !

— Rassure-toi, citoyen, je ne veux pas te prendre ta femme, » répondit le brigadier d'un ton railleur.

Cette scène avait été courte, mais pas assez pour que le vieux Jérôme et le Marseillais n'eussent eu le temps d'échanger un nouveau regard

Ces deux hommes, qui se voyaient pour la première fois, s'étaient déjà devinés.

La Mayotte continua à murmurer, les Alsaciens vidèrent une onzième bouteille, l'Allemand demeura en extase devant la jeune fille, l'Aristo se leva, alla ouvrir la porte et sortit.

Alors le Marseillais, le vieux Jérôme et la Mayotte respirèrent. On eût dit que la présence du brigadier les gênait sensiblement. Quant à maître Gourju, il avait vidé tant de bouteilles de vin, en compagnie des gendarmes, qu'il était un peu ivre et voyait ce qui se passait autour de lui à travers le brouillard de sa pipe.

La jeune fille, au contraire, éprouva un redoublement d'effroi en voyant sortir cet homme en qui elle devinait un protecteur.

L'Aristo s'éloigna de quelques pas et entra dans un fourré.

Là il se coucha à plat ventre et colla son visage contre terre.

Mais aucun bruit ne vint mourir à son oreille, et il se retira découragé.

« Nous n'avons pourtant que quelques heures, murmura-t-il. Si nous ne sommes pas autour du Temple demain avant le jour, tout est perdu! »

Et il revint vers l'auberge, poussa la porte et alla s'asseoir au coin du feu auprès de la jeune fille, dont le front attristé se rasséréna sur-le-champ.

L'Allemand était toujours abîmé dans sa contemplation, les Alsaciens jouaient au *doigt mouillé* pour tuer le temps, la Mayotte grommelait des paroles malsonnantes et le Vieux était endormi.

Le Marseillais tira de poche une blague en peau de chien et y enfonça son brûle-gueule, qu'il se mit à charger méthodiquement.

Quand le brûle-gueule fut bourré, il posa dessu un tison qu'il prit avec ses doigts, regarda de nouveau le vieux Jérôme, et sortit à son tour en disant :

« Je vais voir le temps qu'il fait.

— Moi aussi... » dit Jérôme.

Et le vieillard se leva.

La jeune fille éprouva un frisson et lui dit d'une voix pleine d'angoisses :

« Est-ce que vous sortez, mon père ?

— Je vais prendre l'air sur le pas de la porte ; chauffe-toi bien, petiote. »

La pauvre enfant n'osa rien dire, et Jérôme sortit.

Quand ils furent dehors, le Marseillais lui frappa sur l'épaule.

« Bonjour, citoyen, lui dit-il.

— Vous m'avez déjà dit bonjour, observa le vieux Jérôme.

— Ça ne fait rien, c'est pour mieux entamer la connaissance.

— A votre aise, citoyen.

— Ainsi, dit le Marseillais, vous êtes meunier?

— Pour vous servir, citoyen.

— Je n'ai pas de farine à moudre, mais je cherche femme.

— C'est de votre âge, citoyen.

— Et tiens! dit le Marseillais sans plus

de cérémonie, un brin de fille comme celle qui te suit m'irait comme un gant!

— Ma fille? dit Jérôme.

— Farceur! répliqua le Marseillais; cette demoiselle est ta fille comme je suis ton neveu, moi... »

Et il plongea dans les yeux gris du vieillard un regard ardent.

« Voyons, mon bonhomme, reprit-il, je vais te dire ton affaire, moi.

— Vous? fit Jérôme

— Moi. Tu n'es pas un meunier... tu es

un domestique, et cette petite est une aristocrate. »

Et comme Jérôme se récriait :

« Où la conduis-tu ! je ne sais, mais je devine.

— Allez ! allez ! dit Jérôme d'un air finaud, vous causez bien, vous. Continuez, mon garçon... »

Le Marseillais reprit :

« Tu es bien certainement quelque intendant voleur qui rêve de t'emparer du château de ton maître.

— Après? fit Jérôme avec flegme.

— Et comme sans doute ton maître et ses fils ont déjà fait connaissance avec le citoyen Brutus, à moins qu'ils n'aient été massacrés au 10 août...

— Chut! fit Jérôme.

— Ah! ah! dit le Marseillais, tu vois que je devine aisément les choses.

— Continuez, vous parlez bien...

— Tu la conduis à Paris, où tu la dénonceras au comité de salut public. »

Le vieux Jérôme haussa les épaules, puis

il se planta tout debout devant le Marseillais.

« Eh bien, dit-il, quand tout cela serait vrai, est-ce que ça vous regarde ?

— Non, mais on pourrait s'entendre..

— Vous êtes un joli garçon, répliqua Jérôme, mais vous ne me ferez pas dire ce que je veux faire.

— Vieux farceur ! écoute donc, fit le Marseillais, qui prit le vieillard par le bras et l'entraîna à cent pas de la maison. Écoute donc, et nous allons nous entendre. »

Jérôme s'assit sur un tronc d'arbre.

« Parlez, dit-il. Autant vaut prêter l'oreille à vos sornettes que dormir sur une chaise.

— Je te disais donc que sans doute la petite fille est orpheline et que tu la mènes à Paris où elle espère retrouver son père ou des parents quelconques, lesquels, tu le sais, toi, ne sont plus de ce monde. A Paris, tu la livreras comme aristocrate...

— Et puis après ? demanda le vieillard dont le visage demeura impassible.

— Tu t'en retourneras au château, qui seras mis en vente, et tu l'achèteras pour cent écus.

— Et puis ?

— Mais si tu t'entendais avec moi, citoyen, continua le Marseillais, je te ferais faire une besogne autrement sérieuse et qui te poserais fièrement dans l'esprit du citoyen Robespierre. Tu deviendrais maire de ta commune, membre du district, ami du comité de salut public, que sais-je. »

Le vieillard perdit son masque de bonhomie, et ses petits yeux gris se fixèrent avec tenacité sur le Marseillais.

« Tu es donc quelque chose dans le gouvernement? dit-il.

— Je ne suis rien et je suis beaucoup.

— Comment cela? »

Le Marseillais mit un doigt sur ses lèvres.

« Chut ! dit-il, c'est moi qui suis chargé de dévoiler au gouvernement les conspirations des aristocrates.

— C'est-à-dire que tu es un homme de police ?

— A peu près ? »

Le vieux Jérôme tressaillit d'aise. Le Marseillais reprit :

« Donc, tel que tu me vois, je puis te faire faucher... et ta petite avec toi. »

Jérôme eut un léger frisson.

« Mais j'aime mieux transiger et te prendre dans mon jeu. La petite me plaît, et tu me laisses libre de m'en faire aimer. C'est à merveille! En échange, je te promets que tu auras le château, que tu seras maire, membre du district et ami du citoyen Robespierre. »

Comme il parlait ainsi, le Marseillais saisit le bras de Jérôme.

« Ecoute! » dit-il.

Jérôme prêta l'oreille. Un bruit lointain, presque imperceptible, vint mourir à son oreille.

C'était le galop d'un cheval.

« Mon vieux, dit le Marseillais, le brigadier de gendarmerie que tu as vu tout à l'heure est un gentilhomme déguisé, un aristocrate qui conspire pour son sire, son roi. Mais je suis là, moi, l'homme de la police, et j'ai à une lieue d'ici, à Montgeron, une douzaine de municipaux qui attendent mes ordres. Veux-tu être des nôtres ?

— Mais c'est convenu depuis longtemps, » dit le vieux Jérôme.

. . . .

L'Aristo était rentré dans la salle d'auberge et rêvait, la tête dans ses mains ; le gendarme né dans le faubourg Antoine s'était appuyé sur la table et dormait ou faisait semblant de dormir.

Les honnêtes Alsaciens jouaient toujours au doigt mouillé.

Tout à coup ce bruit lointain, ce bruit du galop d'un cheval que Jérôme et le Marseillais avaient entendu, arriva jusqu'au brigadier.

Alors l'Aristo bondit sur ses pieds et courut vers la porte.

En ce moment aussi le vieux Jérôme et le Marseillais, qui sans doute avaient conclu quelque pacte ténébreux, revinrent prendre place autour du foyer dans l'auberge du *Corbeau vivant.*

« Où va-t-il, le brigadier ? » grommela la Mayotte.

L'Aristo entendit ces mots.

« Je vais à la rencontre de mon maréchal des logis, » répondit le jeune homme qui s'élança au dehors.

Le bruit du cheval galopant à travers bois était devenu plus distinct. Le brigadier entra sous la futaie, mit deux doigts sur sa bouche et fit entendre un coup de sifflet.

Un coup de sifflet répondit.

Le cheval galopait avec furie et les branches d'arbre, courbées par le vent d'hiver, craquaient sous ses pieds.

L'Aristo fit quelques pas à sa rencontre, puis tout à coup il cria :

« Halte! »

Le cheval s'arrêta presque aussitôt, et une voix jeune, sonore, cette voix qui déjà avait frappé l'oreille du vieux Jérôme et de la jeune fille qui le suivait, demanda dans les ténèbres :

— Est-ce toi, brigadier?

— Oui, marchef! répondit l'Aristo.

— Es-tu seul?

— Seul.

— Où sont tes gendarmes?

— Dans l'auberge. »

La voix du maréchal des logis, appelé *marchef* par une abréviation familière dans l'armée, étouffa un juron énergique ; puis le cheval et le piéton firent quelques pas à la rencontre l'un de l'autre, et l'Aristo posa sa main gauche sur le pommeau de la selle.

« Eh bien ? »

Il articula ces mots avec émotion.

« Eh bien, répondit le marchef d'une voix non moins émue, tout est perdu !

— C'est impossible.

— La conspiration est découverte. Nos camarades ont été arrêtés à Melun, et demain ce ne sera pas la gendarmerie qui entourera la voiture, mais bien les municipaux.

— Tu es fou, baron !

— Je dis vrai, chevalier; et nous n'avons plus que deux partis à prendre, le premier est insensé, mais digne de nous; il consiste à aller nous faire tuer là-bas, sous les yeux du roi.

— Et le second ?

— Fuir.

— Fuir ! Fuir ! tais-toi, baron...

— Attends encore, dit le marchef, ce

n'est pas tout. Nos deux amis qui jouent si bien leur rôle de gendarmes et d'Alsaciens sont d'honnêtes gens, mais le troisième est un misérable. C'est lui qui a trahi...

— Es-tu sûr de ce que tu avances, mordieu !

— Très-sûr, chevalier. Jacques Saunier est un traître !...

— Mais c'est impossible !

— Ecoute encore... Il y a un étranger dans l'auberge, un Marseillais ?

— Oui.

— C'est un homme de la police; il a placé trente hommes autour de l'auberge, trente municipaux qui ne nous feront pas quartier... Ainsi, crois-m'en, saute en selle avec moi, je te prendrai en croupe... et partons !

— Non, non ! dit l'Aristo, je ne laisserai pas massacrer nos amis... »

Et en prononçant ces mots tout haut, le jeune homme pensa tout bas à la jeune fille vêtue en paysanne, et dans laquelle il avait deviné une aristocrate.

« Tu ne les empêcheras point d'être massacrés et tu le seras toi-même, chevalier. Crois-moi, laisse-moi te prendre en croupe et partons...

— Non, dit le jeune homme avec énergie. Mais, toi, ami, toi, qui es à cheval, pars...

— Non pas, répondit le marchef, puisque tu veux rester ! Nous mourrons ensemble, s'il le faut.

— Soit, murmura l'Aristo, que gagnait un sombre désespoir. Viens, alors... »

Il prit le cheval par la bride, et tous deux se dirigèrent vers le cabaret, dont les lumières brillaient à travers les arbres.

A vingt pas de la porte, l'Aristo s'arrêta, et dit tout bas au marchef :

« Es-tu sûr que ce soit Jacques Saunier qui nous ait trahis ?

— J'en suis sûr.

— En as-tu la preuve ?

— Oui.

— Eh bien, il faut tout de suite faire justice du traître.

— Comment ?

— Tu vas voir, je vais l'appeler pour qu'il prenne ton cheval et le conduise à l'écurie.

— Bien. Après ?

— Le reste me regarde. »

L'Aristo alla ouvrir la porte de l'auberge, s'arrêta sur le seuil et dit d'un ton bref, le ton du commandement :

« Hé ! Jacques Saunier... Voici le maréchal des logis qui revient de Melun et a besoin de toi. »

Le gendarme du faubourg Antoine avait fini de dormir depuis une heure ; mais la voix de l'Aristo était trop impérieuse pour qu'il pût prolonger son prétendu sommeil.

Il leva la tête, se dressa sur ses pieds et fit le salut militaire. Les bons Alsaciens se regardèrent avec l'étonnement naïf des gens ivres-morts.

« Avance à l'ordre ! dit l'Aristo. Le maréchef a besoin de toi. »

Le gendarme se dirigea vers la porte, mais non sans avoir échangé un regard rapide avec le Marseillais.

L'Aristo surprit ce regard et ne douta plus un seul moment de la trahison de Jacques Saunier.

Le gendarme sortit, et son brigadier referma la porte.

La pauvre jeune fille, immobile et silencieuse sous le manteau de l'âtre, avait respiré plus librement lorsque le brigadier s'était montré ; mais la porte refermée, le protecteur mystérieux disparu, elle avait été reprise par ses angoisses et sa terreur, malgré la présence du vieux Jérôme.

Depuis une heure, Jérôme avait des manières incompréhensibles et tenait des propos bizarres ; il parlait d'égorger les tyrans, de massacrer les aristocrates et de brûler leurs repaires.

Le Marseillais fit un signe à la Mayotte

et l'emmena dans un coin, à l'autre extrémité de la salle d'auberge.

« Amour de citoyenne, lui dit-il tout bas, tu sais que nous payerons largement les pots cassés, car on va casser les pots tout à l'heure. »

Il eut un mystérieux sourire, et les yeux bordés de rouge de la Mayotte brillèrent avec férocité.

« Nous aurons d'abord besoin d'un coup de main de ton homme et du Vieux.

— C'est convenu, dit la Mayotte.

— Quand l'Aristo rentrera, tu feras pas mal d'éteindre la chandelle ; on fait mieux sa besogne dans l'obscurité.

— Vous avez raison, répondit la Mayotte, tuera-t-on cette mijaurée ?

— Non, j'ai des idées là-dessus.

— Ah ! fit la Mayotte avec dédain, et le vieux paysan.

— Il est avec nous. Il lâche la petite, qui n'est pas sa fille ?

— Et cet imbécile qui a les cheveux jaunes ?

— Celui-là, dit le Marseillais, il faudrait le coucher. Tu as une chambre là-haut?

— J'en ai deux.

— Bon! une pour l'Allemand, l'autre pour la petite. Tu les enfermeras...

— Soyez tranquille. »

Le Marseillais alla se rasseoir auprès du vieux Jérôme, à qui il poussa le coude.

« Ce *tiaple, Vritz!* disait un des Alsaciens d'une voix avinée, *il havre une chance te bendu au cheu? Ch'ai berdu!*

— Allons ! ma fille, dit le vieux Jérôme, il faut aller nous coucher.

— Mais je n'ai pas sommeil... mon père... et je me trouve bien ici. »

Il se pencha à son oreille :

« Venez, mademoiselle, dit-il, nous courons un grand danger. »

La jeune fille se leva, la Mayotte s'était déjà armée d'une chandelle et se dirigeait vers l'escalier de bois dont les dernières marches aboutissaient dans un coin de la salle.

Jérôme prit sa prétendue fille par le bras et l'aida à monter, car sa terreur était telle en ce moment qu'elle chancelait et tremblait de tous ses membres.

La chambre où la Mayotte les fit entrer était la sienne. C'était une sorte de réduit enfumé, large de six pieds carrés, avec un lit de sangle et deux chaises boiteuses pour toute garniture.

« Le mobilier n'est pas beau, dit l'horrible cabaretière, mais le lit est bon; tu dormiras bien, citoyenne... »

Elle posa sa chandelle sur l'appui de sa croisée et s'en alla.

« Tu vas rester auprès de moi, mon bon Jérôme, n'est-ce pas ? dit la jeune fille affolée.

— Non, mademoiselle Claire.

— Et pourquoi, mon Dieu ? »

L'intendant, — c'en était un, et le Marseillais avait un flair exquis — l'intendant prit sa voix la plus mielleuse :

« Vous savez bien, mademoiselle, dit-il tout bas, qu'on persécute les aristocrates, comme ils disent, et que la moindre imprudence peut nous trahir. On nous a pris pour de bons paysans, laissons-les dans cette erreur. Je vais redescendre un moment là-bas, pour boire et causer avec ces chenapans. C'est le moyen le plus sûr de détourner leurs soupçons.

— Oh! Jérôme! quels affreux propos tu as tenus ce soir.

— Il faut hurler avec les loups...

— Toi, le serviteur de notre famille!

toi, le vieux Jérôme que mon père aime tant !

— C'est pour lui conserver sa fille, mademoiselle. Songez que demain, à pareille heure, nous serons auprès de lui.

— Ah! Dieu puisse-t-il t'entendre ! Car vois-tu, depuis que nous sommes en route pour Paris, mon bon Jérôme; il y a des moments où je désespère.

— Il ne faut jamais désespérer, mademoiselle.

— Mais sais-tu bien qu'il y a plus de

six mois que nous n'avons eu des nouvelles de mon père et de mon frère?

— Ils avaient émigré, mademoiselle; et s'ils vous eussent écrit et que leur lettre fût tombée dans les mains des jacobins, on eût confisqué leurs biens.

— Et tu es sûr que nous les retrouverons à Paris?

— Oui, chez ma sœur Victoire Machemin, qui est fruitière dans la rue du Vert-Bois. Ainsi, prenez courage, mademoiselle, couchez-vous, et si vous faites votre prière éteignez votre chandelle auparavant, de peur qu'à travers quelque trou de la porte ou quelque cloison disjointe, on ne vous voie à genoux. Ce serait assez pour donner l'éveil à tous ces misérables.

— Mais où vas-tu coucher, toi, mon bon Jérôme ?

— Là, dans la pièce à côté, sur une chaise, la main sur le pommeau de mes pistolets.

— Pauvre Jérôme ! dit-elle les larmes aux yeux, tu es un fidèle serviteur...

— Pour plus de sûreté, dit-il, je vais vous enfermer et mettre la clé dans ma poche.

— Oui... oui... dit-elle, c'est cela... Peut-être aurai-je moins peur...

— Bonsoir, mademoiselle Claire; priez Dieu... il est avec nous, et ne nous abandonnera pas. »

Et le pieux intendant ferma la porte à double tour, et la jeune fille, à qui il avait donné le nom de Claire, l'entendit descendre d'un pas pesant.

. . . .

Au moment où Jérôme et la Mayotte conduisaient mademoiselle Claire à sa chambre, le gendarme, qui se disait natif du faubourg Antoine, suivait le brigadier dit l'*Aristo*.

Ce dernier le prit par le bras au sortir de l'auberge :

« Viens, dit-il, le marchef veut te parler.

— Il est donc là ?

— Oui, il revient de Melun. »

Le gendarme était sorti si précipitamment qu'il avait oublié ses pistolets sur la table de l'auberge et son sabre sur une chaise.

Le marchef était à cheval toujours, une main sur ses fontes, l'autre à la poignée de son sabre.

« Jacques, dit l'Aristo, nous avons perdu la partie. Nos camarades ont été arrêtés à Melun, consignés dans leur caserne, et ce ne sera pas les gendarmes qui demain escorteront le roi.

— Malédiction! exclama Jacques Saunier. Mais quel est donc le traître qui a...

— Tu le connais, » dit froidement l'Aristo.

S'ils n'eussent été dans les ténèbres, le marchef et le brigadier eussent vu pâlir celui à qui ils donnaient le nom de Jacques Saunier.

« C'est donc l'un de nos camarades? dit-il d'une voix qu'il cherchait en vain à rendre calme

— C'est toi! » répondit l'Aristo.

En même temps, Jacques Saunier reçut un coup de poignard entre les deux épaules.

« Un traître comme toi, dit le brigadier, ne mérite point d'être frappé par devant. »

Le gendarme ne jeta pas un cri et tomba foudroyé dans les jambes du cheval, qui fit un brusque écart.

« Voilà toujours un manant de moins, baron, » dit le brigadier.

Il se pencha, prit par les pieds le gendarme mort, et le traîna derrière une broussaille, hors du carrefour.

« A présent, reprit-il, si tu veux rester, baron, attache ton cheval à un arbre, mets pied à terre, et suis-moi... il n'est que temps ! »

Et deux instants après, le marchef et le brigadier firent une entrée dans l'auberge.

Nous connaissons le brigadier dit l'Aristo. Disons un mot du nouveau venu, le marchef, que son subalterne appelait tout bas : « mon cher baron. »

C'était un homme de trente-cinq ans environ, petit, olivâtre, à l'œil noir plus que fin, aux cheveux épais et légèrement crêpés.

Tout en lui respirait la vigueur et l'énergie.

Il s'arrêta un moment sur le seuil et promena son œil brillant et clair sur la salle enfumée.

A sa vue, les Alsaciens semblèrent sortir de leur ivresse, Nicolas Gourju et le *Vieux* éprouvèrent un certain malaise. La

Mayotte jeta au Marseillais, qui se tenait dans le coin le plus obscur de la salle, un regard qui semblait lui dire :

« Voilà un gaillard qui va nous donner de la besogne. »

Quant à l'Allemand, il était sorti de sa rêverie depuis le départ de la jeune fille; le charme qui l'avait dominé venait de se rompre, et il examinait avec une curiosité mêlée d'un secret effroi tous ces visages devenus sinistres.

« Parles-tu allemand ? dit l'Aristo se penchant à l'oreille du marchef.

— Oui, pourquoi?

— Ne t'étonne point, alors, de ce que je vais dire à ce garçon-là. »

Il désignait l'étudiant de Heidelberg, qui s'était levé poliment à la vue du maréchal des logis.

« Mein herr, lui dit-il alors, employant la langue d'outre-Rhin, savez-vous où vous êtes ? parlez allemand…

— Dans une auberge, à quatre lieues de Paris.

— Vous êtes dans une maison qui est un coupe-gorge et dans laquelle on va s'assassiner bientôt. Ne faites pas un geste, ne laissez échapper aucun cri... vous paraissez un loyal garçon, et je vais tâcher de vous sauver... »

Ces paroles, prononcées dans un idiome que les hôtes de l'auberge, ni le vieux Jérôme, ni le Marseillais ne comprenaient, avaient frappé l'oreille des Alsaciens.

Mais ni eux, ni le jeune étudiant ne sourcillèrent.

« Il y a ici une jeune fille que je vous confie... il faut la sauver !

— Je me ferai tuer s'il le faut ! » répondit l'Allemand avec un subit enthousiasme.

Ces paroles allemandes, qu'il ne comprenait pas, avaient quelque peu déconcerté le Marseillais, qui s'attendait auparavant à voir le marchef demander un verre de vin et aller prendre place au feu.

Cependant, il allait faire signe à la Mayotte de jeter la chandelle à terre, lorsque le marchef le prévint et marcha droit à lui :

« Me reconnais-tu, Olivier Brun ? » lui dit-il.

En même temps, l'Aristo disait aux Alsaciens :

« Debout, camarades ! nous sommes trahis !... il faut nous défendre ou mourir !... »

Les faux Alsaciens bondirent sur leurs

pieds. L'un dégaîna son sabre, l'autre mit la main sur les pistolets de Jacques Saunier et s'écria en bon français :

« Morbleu ! s'il en est ainsi, nous allons voir ?... »

. . . .

La jeune fille, — celle que le vieux Jérôme avait appelée mademoiselle Claire, ne s'était point mise au lit ; mais, fidèle aux recommandations du vieil intendant, elle avait soufflé sa lampe.

Puis elle s'était mise à genoux et avait prié Dieu avec ferveur.

D'abord il n'était monté vers elle que de confuses rumeurs ; les hôtes du *Corbeau vivant* continuaient à boire et à rire.

Puis les paroles avaient été plus brèves, plus accentuées; puis un cri s'était fait entendre, — un cri de colère strident ; et elle avait cru reconnaître la voix du *brigadier de gendarmerie*.

Tout à coup une détonation succéda à ce cri, un coup de pistolet retentit, puis un autre et encore un autre... Et alors, mademoiselle Claire éperdue s'élança au dehors et fuit...

Mais, on s'en souvient, le vieux Jérôme avait fermé la porte.

Et tandis qu'elle meurtrissait ses doigts délicats au contact de la serrure et des gonds, des pas précipités retentirent dans l'escalier et se dirigèrent vers elle...

Mademoiselle Claire jeta un cri et tomba défaillante au bord du lit de la Mayotte.

Alors, tandis qu'au rez-de-chaussée de

l'auberge les exclamations de fureur se croisaient avec les coups de pistolets, une épaule vigoureuse se prit à battre la porte comme un bélier, cet engin de guerre de l'antiquité...

« O Vierge Marie ! murmura la pauvre enfant ; sainte Mère du Christ, ne m'abandonnez pas... protégez-moi ! »

Et comme elle prononçait ces mots, la porte vola en éclats, et un homme se précipita dans la chambre.

Mais déjà la jeune fille était tombée évanouie sur le carreau de la mansarde.

Lorsque mademoiselle Claire revint à elle, elle éprouva une sensation bizarre; elle se sentit emportée à toute vitesse, au milieu de la nuit et dans une atmosphère glacée.

Elle le crut un moment, mais lorsqu'elle eût exhalé un soupir et laissé échapper un léger cri, celui qui la portait s'arrêta et la déposa doucement à terre, la tête appuyée à un tronc d'arbre.

La nuit n'était plus épaisse et ténébreuse : le vent avait balayé les nuages et la lune brillait au ciel.

Mademoiselle Claire vit alors à ses genoux un homme tête nue et les mains jointes, dont l'œil était suppliant et dont les lèvres murmuraient une prière étouffée. C'était l'Allemand Fritz Muller, l'étudiant de Heidelberg, l'homme aux cheveux jaunes.

« Ah! mon Dieu! où suis-je? et quel

est cet homme? murmura la jeune fille avec effroi.

— Vous êtes en sûreté, pour le moment du moins, » répondit le bon Allemand.

Elle promena un regard indécis autour d'elle.

Ce n'était plus la forêt profonde et sinistre, la forêt aux arbres décharnés, aux routes tortueuses où le pied hésitait à chaque pas.

C'était la plaine calme, unie, couverte de chaume, semée de maisons, éclairée çà et là de lointaines lueurs. Et la jeune fille respira.

Puis elle ramnea son regard sur l'homme agenouillé; elle vit briller ce regard loyal, sourire ces lèvres honnêtes, et elle respira.

Et puis encore elle se souvint de cette infernale demeure du *Corbeau vivant*, de ces cris de mort, de ces détonations d'armes à feu, et elle devina dans cet homme un libérateur.

« Ah! dit-elle, vous m'avez sauvée, n'est-ce pas ?

— Oui, mademoiselle. »

Sa voix était humble, soumise; on eût dit un esclave fidèle.

« Mais où sommes-nous ?

— Je ne sais pas.

— Où est Jérôme ?

— Jérôme ? fit l'Allemand qui se prit à gronder comme un chien de garde au fond d'une cour; c'est un misérable, un traître, mademoiselle, qui voulait vous livrer à vos ennemis.

« O mon Dieu ! est-ce possible ce que vous dites-là ? »

Le jeune homme mit une main sur son cœur.

« Regardez-moi, dit-il ; sur la mémoire de ma mère, aussi vrai que je n'ai jamais menti, je vous jure que c'est la vérité.

— Un traître... un misérable... Jérôme ? balbutia la jeune fille consternée.

— Qui voulait vous voler votre héritage après vous avoir fait assassiner... »

Mademoiselle Claire couvrit son visage de ses deux mains et des larmes jaillirent à travers ses doigts.

L'Allemand reprit :

« Tandis qu'on se battait dans l'auberge, j'ai suivi les instructions du brigadier, j'ai enfoncé la porte de votre chambre, je vous ai prise dans mes bras et j'ai sauté par la fenêtre, depuis une heure je cours à perdre haleine, mais nous sommes loin maintenant...

— Ah! dit elle, j'ai entendu des cris de mort, des coups de pistolet... Que se passait-il donc dans cette horrible maison?

— Je ne sais pas... mais on voulait tuer les gendarmes. »

Mademoiselle Claire se souvint de celui qu'on appelait l'Aristo, et en qui elle avait deviné un protecteur.

« Pourvu qu'il n'ait pas été tué! » murmura-t-elle, adressant au ciel pour cet inconnu une fervente prière.

Elle s'était assise sur le rebord d'un

fossé, respirait à pleins poumons et contemplait son sauveur avec des yeux pleins de larmes.

« Mais où irons-nous, qu'allons-nous devenir? dit-elle.

— J'irai où vous voudrez, répondit l'Allemand avec une confiance naïve et robuste.

— Ah! je voudrais revoir mon père et mon frère.

— Où sont-ils?

— A Paris.

— Eh bien, dit l'Allemand, allons à Paris, et permettez-moi d'être votre protecteur jusqu'à ce que nous les ayons retrouvés. Etes-vous bien fatiguée, mademoiselle ?

— Oh ! oui, répondit-elle, mais je marcherai néanmoins en m'appuyant sur vous... »

Grâce au clair de lune, les deux fugitifs suivirent un chemin assez battu pour ressembler à une route.

Au bout de trois heures, ils aperçurent des maisons et la lueur d'une forge.

« C'est peut-être Paris, dit la jeune fille avec naïveté.

— Oh! non, répondit Fritz Muller. Paris est une grande ville, ce n'est là qu'un misérable village. »

Il entra dans la forge, laissant sa compagne au dehors, et demanda au forgeron matinal :

« Où sommes-nous ?

— A Alfort, répondit cet homme.

— Quelle heure est-il ?

— Six heures du matin.

— Suis-je encore loin de Paris ?

— Si vous marchez bien, vous y arriverez dans deux heures.

— Marchons, » dit mademoiselle Claire, qui reprit courage.

Comme il faisait froid et que le brouillard humide du matin la pénétrait, Fritz Muller lui jeta son manteau sur les épaules.

Et ils marchèrent une heure encore, et

les premières lueurs de l'aube glissèrent indécises dans le ciel gris.

Le chemin était devenu plus large et portait de nombreuses empreintes de pas. Les roues de plusieurs voitures le sillonnaient en tous sens, et sur le bord, çà et là, se dressaient des maisons.

Puis encore, à mesure qu'ils s'approchaient, un brouillard rougeâtre couvrait l'horizon.

C'était l'atmosphère plus chaude et vaguement éclairée qui plane au-dessus de la ville immense.

Ils étaient près des barrières, et un murmure encore confus, semblable à une respiration gigantesque, leur arrivait.

Puis ce bruit devint plus strident et dégénéra en brouhaha.

Enfin, après un quart d'heure de marche, ils entendirent des cris, des murmures, des vociférations, des blasphèmes, des éclats de rire, le tout entremêlé d'un bruit de voitures roulant sur le pavé, de claquements de fouets, de hennissements de chevaux, d'aboiements de chiens.

Une population nombreuse de maraîchers, de laitiers, d'ouvriers de la banlieue et de faubouriens, grouillait en dehors du mur d'enceinte, attendant que les portes de Paris vinssent à s'ouvrir.

Une centaine de gendarmes à cheval maintenaient à grand'peine cette foule remuante, inquiète, avide, que quelque événement impérieux semblait préoccuper.

« Les portes ! les portes ! criait la foule.

— Vive la République !

— Vive la Convention !

— A bas Capet ! »

Toutes ces exclamations étaient entremêlées de chansons patriotiques, et les couplets ardents de la *Marseillaise* se répercutaient de groupe en groupe.

Enfin les portes s'ouvrirent.

Il était grand jour, mais le ciel était bas, brumeux, et le brouillard estompait les toits et les tuyaux de cheminée.

La foule se précipita dans Paris, où une autre foule non moins brillante, non moins remuante, non moins avide de quelque spectacle sinistre ou grandiose, accourait de son côté, et Fritz Muller et sa compagne, entraînés dans le tourbillon, se laissèrent emporter par ce courant de chair humaine.

L'Allemand avait pris mademoiselle Claire par le bras et la portait plutôt qu'il ne la soutenait.

L'affluence était si compacte, si serrée,

si affairée, si trépignante, elle paraissait en proie à une agitation si vive, que Fritz Muller et mademoiselle Claire se trouvèrent au milieu d'elle sans que personne prit garde à eux.

La foule descendait le faubourg Antoine; Claire et Fritz la suivirent, entraînés par elle.

Quelquefois la jeune fille s'arrêtait épuisée, et disait à son compagnon :

« Mais où donc ces gens-là vont-ils, mon Dieu ? Jamais je n'ai vu autant de monde!.. Ah! j'ai plus peur encore que cette nuit...

— Je ne sais pas... répondait l'Allemand. Mais je suis avec vous, ne craignez rien ! »

Et le flot descendait; et ils marchaient toujours.

Ils arrivèrent ainsi jusqu'à la place sur laquelle naguère s'élevait la Bastille.

Là, s'éparpillant, la foule devint un peu plus clair-semée.

La jeune fille posa sa main délicate sur

l'épaule d'une bonne grosse femme qui avait la mine ouverte et franche.

« Madame, dit-elle, pourriez-vous m'indiquer la rue du Vert-Bois ? »

La grosse femme se retourna, jeta un regard curieux d'abord, compatissant ensuite sur la pauvre enfant exténuée, et lui dit :

« Ma petite, on ne dit plus *madame*, mais *citoyenne*; on ne dit plus *vous*, mais *tu*. Fais-en ton profit, car tu es mignonne à croquer. Suis tout ce monde qui va là-bas, devant toi, et quand tu seras à la rue du Temple, tu tourneras à gauche, et puis à droite, c'est la seconde rue.

— Je te remercie, citoyenne, répondit mademoiselle Claire.

— Venez, dit le bon Allemand, nous finirons bien par trouver. »

Et ils continuèrent à marcher, entraînés par le flot.

Mais le flot s'épaississait toujours, semblable à un fleuve qui s'ensable et, limpide à sa source, devient limoneux et roule des eaux noirâtres mélangées de gravier.

A l'endroit indiqué par la grosse femme, c'est-à-dire à l'entrée de la rue du Temple, il y eut un brusque temps d'arrêt.

La foule recula comme si elle se fût brisée à quelque obstacle inattendu. Claire se serrait contre le jeune étudiant, et, étourdie par ce bruit, ces cris, ce mouvement qui avait quelque chose d'infernal, elle se demanda à plusieurs reprises si elle n'était point le jouet d'un horrible rêve.

Tout à coup les sourds murmures de la foule se changèrent en un seul cri :

« Le voilà ! le voilà ! »

En même temps on entendit un roulement de tambour, et l'Allemand, qui était grand, se dressa sur la pointe des pieds pour mieux voir encore, tandis que mademoiselle Claire se blottissait contre lui ainsi qu'une colombe effarouchée.

Fritz Muller aperçut d'abord des soldats en uniforme et à cheval, puis des hommes à pied, coiffés de bonnets rouges, vêtus de carmagnoles, armés de piques, de hallebardes et de toutes sortes d'armes.

Entre les soldats à cheval et les gens à pied qui de concert refoulaient la multitude, une voiture fermée s'avançait au pas de deux chevaux blancs.

Le carrosse passa si près de Fritz et de mademoiselle Claire que tous deux purent jeter un regard rapide à l'intérieur.

Un homme un peu gras, vêtu de blanc, la tête nue, était assis dans le fond.

Il était pâle, mais son regard était calme et fier.

La vue de cet homme qu'ils ne connaissaient pas, qu'on conduisait ils ne savaient où, produisit sur les deux jeunes gens une sensation telle qu'ils firent à peine attention aux deux autres personnes qui se trouvaient dans le carrosse.

« Où va tout ce monde, et que va-t-on faire de cet homme? demanda la jeune fille.

— Je ne sais pas, » répondit Fritz qui

pressentait quelque grand et terrible événement.

En ce moment la foule, qui s'était d'abord arrêtée, reprit son mouvement progressif derrière le carrosse et les municipaux à cheval; et l'étudiant et sa compagne se trouvèrent entraînés de nouveau.

Du reste, à partir de cet instant, une curiosité ardente, anxieuse, s'était emparée de tous deux.

Ils voulaient revoir cet homme, ils voulaient savoir où il allait.

Quelque chose d'étrange se passait en eux ; inconnus la veille l'un à l'autre, rassemblés par un hasard, ces deux êtres arrivant ensemble à Paris se sentaient désormais liés par une mystérieuse affection, par un impérieux besoin d'aimer. Déjà même ils éprouvaient, à l'insu l'un de l'autre, les mêmes sentiments et les mêmes désirs.

La curiosité qui s'était emparée de Fritz avait aussitôt dominé mademoiselle Claire ; et dès lors ils n'avaient point essayé de lutter contre ce courant qui les emmenait à la suite du carrosse.

Les vociférations s'apaisaient. Un morne silence venait de s'emparer de cette multitude innombrable, interrompu seulement de quelques cris de : *Vive la République!* Cette grande artère de Paris que suivait le cortége était bordée de maisons à droite et à gauche.

Plusieurs fois les deux jeunes gens levèrent les yeux et virent les fenêtres garnies de spectateurs.

Et le cortége avançait toujours, mais lentement, et la foule devenait de plus en plus serrée et compacte.

Souvent Fritz était obligé de prendre la jeune fille dans ses bras et de jouer des coudes avec énergie pour l'empêcher d'être étouffée.

Cela dura à peu près deux heures, car, à mesure qu'elle avançait, cette mer de têtes devenait plus houleuse et ralentissait sa marche.

Enfin, elle s'arrêta de nouveau, et,

comme la première fois, elle eut un mouvement rétrograde.

Telles les vagues qui se brisent à la côte hérissée d'écueils se rejettent en pleine mer.

Alors Fritz et mademoiselle Claire regardèrent de nouveau.

Ils ne voyaient plus le carrosse, mais ils se trouvaient sur une place élevée.

A leur gauche et à leur droite se dressaient de grands arbres dépouillés par l'hiver, et que couronnait un brouillard au

travers duquel apparaissait un disque san-
glant, le soleil dépourvu de rayons.

A gauche, au-delà des arbres, s'élevait un palais.

A droite, l'horizon n'était borné par aucun édifice.

Devant eux, l'étudiant et la jeune fille virent un pont.

Tous deux se retournèrent, et ils s'aperçurent qu'ils étaient adossés à une grande maison carrée supportée par une galerie en arceaux.

Les fenêtres de cette maison, de ce monument plutôt, car il avait des proportions architecturales grandioses, étaient closes, — tandis que celles du bâtiment qui s'élevait à côté étaient encombrées de têtes avides du spectacle qui allait avoir lieu.

Un mouvement de la foule refoula Fritz Muller et mademoiselle Claire sous les arceaux de l'hôtel aux fenêtres closes, et dont le balcon, au premier étage, supportait le drapeau de l'ambassade d'Espagne..

Alors l'étudiant se dressa de nouveau sur la pointe du pied, éleva la jeune fille dans ses bras, et tous deux muets, avides, en proie à une émotion inconnue, regardèrent encore.....

Le carrosse qu'ils avaient constamment suivi s'était arrêté à deux pas d'une sorte d'édifice bizarre.

C'était un large tréteau, élevé de deux mètres environ, sur lequel on arrivait par un escalier muni d'une rampe.

Au bord du tréteau se dressaient deux

poteaux de sept à huit pieds de hauteur, parallèles et réunis tout en haut par un objet triangulaire sur lequel le pâle soleil de janvier se reflétait faiblement.

L'escalier, le tréteau, les deux poteaux parrallèles étaient peints en rouge. Seul, l'objet triangulaire avait des reflets métalliques.

Fritz comprit et voulut reposer sa compagne à terre.

Mais une sorte de fiévreuse anxiété s'était emparée d'elle.

« Non, non, dit-elle, je veux voir... »

Et Fritz, fasciné comme elle, continua à la soutenir dans ses bras, et comme elle il regarda...

La foule frémissait à l'entour du tréteau, que les soldats à cheval entouraient.

Puis, derrière eux, l'homme pâle que Fritz et mademoiselle Claire avaient aperçu au fond du carrosse, monta à son tour, soutenu par un troisième personnage vêtu de noir..

L'homme pâle avait ôté son habit, il

était nu-tête, et, arrivé sur le tréteau, il se plaça sur le bord, fit un geste impérieux en regardant cet océan humain, et voulut parler...

Mais un roulement de tambour se fit entendre et couvrit sa voix.

En même temps, un des hommes rouges lui lia les mains derrière le dos ; l'autre souleva une planche qui vint se placer devant sa poitrine.

L'homme vêtu de noir lui montra le ciel et murmura quelques paroles qui n'arrivèrent point jusqu'aux deux jeunes gens.

La foule était devenue silencieuse. Si les tambours avaient cessé de battre on eût entendu le vol d'un ramier.

Tout à coup la planche bascula, entraînant l'homme avec elle, courut sur des roulettes, et un éclair s'alluma entre les deux poteaux.

L'objet triangulaire venait de tomber ; mademoiselle Claire ferma les yeux...

Lorsqu'elle les rouvrit, elle vit un des

hommes vêtus de rouge qui montrait à la foule une tête détachée du tronc...

Alors elle jeta un cri terrible et s'évanouit dans les bras de Fritz Muller...

« C'est une aristocrate ! cria une femme du peuple, mort à l'aristocrate !... »

Mais, au même instant, la porte de cet hôtel qui portait à son fronton le pavillon espagnol et dont les fenêtres étaient closes, cette porte s'ouvrit...

Et Fritz Muller, d'un bond, en franchit

le seuil, emportant dans ses bras la jeune fille privée de sentiment.

Tout aussitôt la porte se referma, opposant à la foule son armure de bronze !

. . . .

La tête que l'homme vêtu de rouge venait de montrer au peuple était celle de Louis Capet, roi de France et seizième de nom.

Fin du prologue.

le seuil, emportant dans ses bras la jeune fille privée de sentiment.

Tout aussitôt la porte se referma, opposant à la foule son armure de bronze!

La tête que l'homme vêtu de rouge venait de montrer au peuple était celle de Louis Capet, roi de France et seizième de nom.

Fin du prologue.

PREMIERE PARTIE

L'assurance sur la vie.

CHAPITRE PREMIER

I

La comédie de la guillotine.

Un dernier rayon de soleil tombait du haut des toits dans le préau de la Conciergerie.

Une trentaine de prisonniers des deux sexes entouraient un petit tréteau sur lequel on avait placé une chaise.

« Mesdames et messieurs, s'écria l'un d'eux, voici huit jours consécutifs que je suis bourreau, je demande d'autres fonctions. Celles de prêtre assermenté ne me déplairaient pas, je vous l'avoue ! »

Le personnage qui parlait ainsi était grand, mince, tout jeune, portait de jolies moustaches brunes et une queue convenablement poudrée et enrubannée.

Sa veste pou-de-soie vert tendre, son habit de velours cramoisi et sa culotte blanche étaient d'une irréprochable fraîcheur.

On eût juré, — le voyant sourire en saupoudrant son jabot plissé de quelques grains de tabac, — qu'il sortait du bal ou tout au moins des coulisses de l'Opéra.

« Vicomte ! dit une voix jeune et rieuse, vous êtes un détestable joueur.

— Pardon, marquise, je suis aussi beau et aussi bon joueur qu'un autre ; mais, si vous voulez me le permettre, je vous dirai mes raisons en vous contant une histoire. »

Une jeune fille étincelante de beauté, de grâce et de jeunesse, descendit du tréteau sur lequel elle était montée et dit :

« Puisque le citoyen Brutus veut nous raconter une histoire, le tribunal voudra bien, je l'espère, m'accorder un sursis... ou une commutation de peine. »

Un homme grave, tout vêtu de noir et les cheveux grisonnants, répondit avec sang-froid :

« Mademoiselle, en ma qualité d'accusateur public, je dois vous prévenir que la commutation de peine que vous demandez ne saurait vous être accordée ; mais le tribunal daigne remettre votre exécution à plus tard, et il écoutera l'histoire du citoyen Brutus avec l'indulgence dont il a déjà donné tant de preuves. »

Un long éclat de rire, un éclat de rire d'une franchise inouïe accueillit ces paroles.

« Bravo ! bravo ! cria-t-on.

— Palsambleu ! comme disait feu le maréchal de Richelieu, vous êtes un plaisant drôle, monsieur le baron. Est-ce que vous n'étiez pas plus sérieux lorsque vous étiez receveur général ? »

Celui qui parlait ainsi était un gros

homme au visage bourgeonné, à l'œil malin, aux lèvres épaisses, respirant la bonhomie.

« Et vous, monsieur le marquis, riposta l'homme vêtu de noir, quand vous commandiez le beau régiment de Flandre, aviez-vous cette belle humeur ?

— L'histoire ! l'histoire ! dirent plusieurs voix.

— Je veux l'histoire du citoyen Brutus,

s'écria la belle jeune fille d'un ton mutin, ou je me guillotine moi-même!

— Ce serait contre toutes les règles, mademoiselle, » répondit un nouveau personnage qui vint se placer au milieu du cercle formé à l'entour du tréteau.

C'était un pâle et beau jeune homme, au fier sourire un peu triste, à la taille svelte, aux mains délicates. On eût dit une jeune fille habillée en garçon.

« Tenez-vous à mon histoire ou acceptez-vous purement et simplement ma démission ? demanda le vicomte affublé du surnom de citoyen Brutus.

— Nous voulons l'histoire.

— Eh bien, la voici !... Elle remonte à quinze ans. Vous veniez de naître, mademoiselle.

— A la bonne heure ! voilà un bourreau galant !

— La galanterie est de toutes les professions, mademoiselle. Donc il y a quinze ans de cela ; j'en avais dix. Nous étions à Chantilly. Son Altesse le duc de Bourbon raffolait de la comédie. Chaque soir on donnait des représentations, et chacun y jouait son rôle.

— Je me souviens de cela, dit le gros homme au visage bourgeonné qui avait commandé le beau régiment de Flandre.

— Or, poursuivit le citoyen Brutus, à cette époque je me nommais encore le vicomte de Saint-Cyrille. La pièce qui obtint le plus de succès était l'œuvre d'un petit abbé plein d'esprit, et s'appelait *le Lendemain de Fontenoy*.

— Un joli titre ! » dit le grave accusateur public.

Le vicomte citoyen Brutus continua :

« Il y avait dans la pièce un abominable coquin, un espion fieffé, un baronnet anglais qui commettait les atrocités les plus surprenantes. Ce personnage était joué par un excellent homme, le chevalier de Virlay, une bonne pâte d'homme, à humilier les moutons, qui cependant, vous le savez, sont réputés pour leur douceur.

» Le jour de la première représentation, on rit beaucoup, et personne ne prit au sérieux les crimes du baronnet anglais en le voyant sous les traits du bon chevalier de Virlay.

» Le lendemain, ce fut un peu plus sérieux ; le troisième jour, on oublia Virlay pour ne voir que le baronnet. A la deuxième représentation, on lui jeta des marrons glacés à la figure et on le hua.

« Ce que voyant, la pauvre Virlay demanda sérieusement au prince à ne plus jouer la comédie.

» Eh bien, mesdames et messieurs, nous jouons chaque jour, de deux à quatre, en attendant le jour vrai, la *comédie de la guillotine*. Vous me rendrez cette justice, qu'investi de votre confiance et de celle de notre tribunal révolutionnaire de *famille*, j'ai toujours rempli mes fonctions avec zèle et modestie.

— Et une galanterie à toute épreuve, dit la marquise.

— Il est certain, poursuivit le vicomte, que l'autre jour, madame, quand je vous ai exécutée, j'ai relevé votre chignon et écarté vos beaux cheveux avec tous les égards possibles.

— C'est vrai, mais vous y avez mis le temps.

— Vos cheveux sont si beaux !

— Flatteur !

— Citoyen Brutus, dit sévèrement l'accusateur public, si vous oubliez votre dignité de citoyen libre en vous adonnant à une basse flatterie indigne d'un vrai républicain, la Convention vous destituera.

— Mais c'est ce que je demande ! s'écria le vicomte. Vous finiriez par me prendre pour un vrai bourreau et vous me siffleriez quand je monterais sur ma machine !...

— Citoyen Brutus ! votre démission est

acceptée, et votre charge est mise au concours.

— Vous allez voir, dit la folâtre jeune fille qui montra ses dents de perles en un éblouissant sourire, qu'on va me faire grâce, faute d'un bourreau de bonne volonté.

— Qui veut être bourreau ? dit un vieux marquis dont le profil anguleux et la coiffure à l'oiseau royal rappelaient feu M. de Voltaire.

— Moi, citoyens et citoyennes ! répondit une voix.

— Tiens, c'est l'abbé ! bravo ! bravo !

— Et si mademoiselle de Verinières veut m'accorder sa confiance, elle n'aura point à s'en repentir. »

Le bourreau de bonne volonté qui se présentait était un jeune homme gras, replet, de taille au-dessous de la moyenne, au visage rebondi et haut en couleur, terminé par un menton à fossettes, un véritable abbé, en un mot, comme l'ancien régime seul avait su en créer.

« Oui, citoyens, dit-il, je vous déclare que mes fonctions d'aumônier assermenté ne me conviennent plus ; je préfère manier l'instrument. C'est plus amusant, j'imagine. Seulement je désire changer de nom. Brutus n'est pas le seul grand homme de l'histoire romaine. Horatius Coclès a bien son mérite.

— Et Mucius Scævola donc? dit une voix.

— C'est cela, messieurs et mesdames, je désire m'appeler le citoyen Scævola.

— Accordé!

— Et j'entrerai en fonctions quand on voudra.

— Mais tout de suite, dit la jeune fille qui riait toujours comme une folle. C'est moi qui commence.

— Eh bien ! écoutez, mademoiselle. »

Et le petit abbé sauta sur le tréteau, retroussa les manches de son habit et se plaça auprès de la chaise qui figurait, pour l'assemblée, les deux montants de la guillotine. Un couteau en papier était fixé tout en haut, et le condamné pour rire devait passer sa tête dans les barreaux de la chaise.

« Citoyenne, dit le bourreau qui venait

d'être appelé à d'autres fonctions, je vous ferai observer qu'on ne meurt pas en riant.

— Y a-t-il des exemples ?

— Aucun.

— Eh bien, je vais tâcher de devenir grave, répondit la belle étourdie. De quoi allez-vous me parler, monsieur l'aumônier, de Dieu ?

— Mais non, citoyenne, il n'y en a plus ; on l'a aboli.

— Des saints ?

— On les a destitués.

— De l'Être suprême ?

— Sans doute...

— Montons, » dit la jeune fille, qui s'élança, légère, sur le tréteau où l'ex-bourreau la suivit.

La parodie de cette scène terrible qui se renouvelait chaque jour sur la place de la Révolution commença alors.

Le faux prêtre murmura quelques mots à l'oreille de la condamnée, lui fit placer sa tête entre les barreaux de la chaise, et le couteau en papier tomba.

En même temps, le bourreau prit une tête en carton, barbouillée de rouge, et la montra au peuple en disant :

« Ainsi périssent jusqu'au dernier tous les ennemis de la République. »

Et l'assistance répéta en riant :

« Vive la République ! vive le citoyen Mucius Scævola !

— Silence ! » dit alors l'homme vêtu de noir et revêtu des fonctions d'accusateur public, — tandis que la jeune fille guillotinée redescendait tranquillement de l'échafaud en disant :

« A qui le tour ?

— A moi ! à moi ! à moi ! » crièrent plusieurs prisonniers.

Seul, le jeune homme pâle, aux mains délicates, se tut et demeura rêveur.

« Silence! répéta l'accusateur public, il est bon de procéder par ordre. »

Et il tira une liste de sa poche, la déplia et dit :

« Voici les noms de ceux qui doivent mourir aujourd'hui pour la République.

— Comme moi, dit la jeune fille ; laissez-vous faire, citoyens, cela ne fait aucun mal. Monsieur quë voilà, le citoyen Mucius Scævola, a la main très-légère. »

Des éclats de rire accueillirent cette boutade.

L'accusateur public lut :

« Le tribunal révolutionnaire a con-
» damné à mort les citoyens dont les noms
» suivent :

» 1° Le citoyen Marie-Joseph Laperche,
» ci-devant marquis de Vergnaules. »

Le marquis salua comme eût salué de son vivant feu M. de Voltaire, à qui il ressemblait beaucoup.

« 2° La citoyenne Jeanne Vertpré, ci-
» devant marquise de la Bretauche. »

La marquise répondit à cet appel en disant :

« Mais on m'a déjà guillotinée, il y a huit jours.

— Cela ne fait rien, répondit gravement l'accusateur public.

« 3° Le chevalier de Rochemaure. »

A ces mots, le jeune homme au visage pâle et au fier sourire leva la tête et parut sortir d'une rêverie profonde.

« Ah! moi aussi... dit-il.

— Vous aussi, chevalier. Et continua l'accusateur public, si vous le voulez bien, pour aujourd'hui nous en resterons là... L'heure de rentrer dans nos cellules va bientôt sonner... »

Le marquis monta sur le tréteau, et la comédie recommença.

Puis la citoyenne Jeanne Vertpré, ci-devant marquise de la Bretauche, se livra à son tour aux exécuteurs et redescendit en disant :

« Ce cher abbé a sûrement pris des leçons du citoyen Samson. Il a l'air d'avoir *pratiqué* toute sa vie. »

C'était au tour du chevalier de Rochemaure ; mais comme il allait poser le pied sur le tréteau, la porte du préau s'ouvrit et un homme entra, dont le sinistre aspect éteignit les rires des prisonniers.

C'était le geôlier.

« Citoyen chevalier, dit l'accusateur public, votre exécution est remise à demain. »

Le chevalier eut un sourire triste et demeura le coude appuyé sur le tréteau.

L'homme qui venait d'entrer était coiffé d'un bonnet rouge, vêtu d'une carmagnole, et portait deux pistolets à sa ceinture, outre un énorme trousseau de clefs.

Tous ces hommes qui raillaient froidement une mort prochaine, toutes ces femmes jeunes et belles qui s'essayaient à mourir avec grâce, ne purent alors se défendre d'un léger frisson, — car derrière le geôlier, par la porte du préau demeurée ouverte, ils virent entrer deux autres personnages revêtus d'écharpes rouges.

C'étaient les pourvoyeurs ordinaires du tribunal révolutionnaire, le vrai, celui dont on ne sortait que pour marcher à un échafaud duquel on ne descendait pas.

Ces deux hommes s'avancèrent au milieu des prisonniers, et l'un d'eux tira de sa poche un papier dont il lut la teneur :

« Nous, Fouquier-Tinville, accusateur
» public, renvoyons pour y être jugés et
» convaincus d'incivisme, de conspiration
» envers la République et de complots
» ayant pour but le rétablissement de la
» tyrannie, les détenus dont les noms sui-
» vent :

» 1° Marie Joseph Laperche, ci-devant
» marquis de Vergnaules... »

Le marquis eut un froid sourire.

« Je m'y attendais, dit-il. Vive le roi !..

— 2°, poursuivit le greffier, la citoyenne Jeanne Vertpré... »

La marquise eut un éclair dans les yeux.

« Adieu, messieurs, dit-elle; nous nous nous reverrons là-haut.

— 3°, continua le greffier, la citoyenne Armande Verrinières... »

La belle jeune fille jeta un cri, — mais le sourire n'abandonna pas ses lèvres et son éblouissant visage ne perdit point ses éclatantes couleurs.

« Je sais comment on monte à présent, » dit-elle.

Mais au cri de la jeune fille, un autre cri avait répondu, un cri de désespoir suprême, — et le jeune homme aux mains délicates, au sourire mélancolique, s'élança..

« Elle ! elle aussi ! »

Elle l'entendit, se retourna et lui sourit :

« Adieu, chevalier, dit-elle. J'avais deviné que vous m'aimiez... »

Et elle lui donna sa main à baiser.

Mais le jeune homme, après avoir mis un baiser et une larme sur cette main, courut au greffier qui venait de remettre le papier dans sa poche.

« Je dois être sur cette liste, moi aussi, lui dit-il.

— Comment vous appelez-vous ? demanda le greffier.

— Le chevalier de Rochemaure.

— Non, vous n'y êtes pas.

— Mais c'est impossible ! c'est moi qui ai voulu sauver le roi... moi qu'on appelait Bravisto dans la gendarmerie...

— Cela ne me regarde pas !

— Mais je veux mourir, moi aussi ! s'écria le jeune homme bouleversé... J'ai trahi la République !.. et la République n'a pas le droit...

— Soyez tranquille, répondit le greffier, vous ne perdrez rien pour attendre... votre tour viendra. »

Et il fit un signe aux municipaux qui se tenaient à l'écart dans un coin du préau, et qui vinrent se placer auprès du marquis et des deux femmes qu'ils allaient conduire à la barre du tribunal révolutionnaire.

Le chevalier, pâle comme un spectre, voulait suivre celle qu'il aimait.

Un bras robuste le retint.

« Ce n'est pas ton tour, chevalier, » lui dit une voix brutale, la voix du geôlier.

Le chevalier le regarda avec égarement.

« La guillotine ne veut pas de toi ! répéta durement le geôlier... Attends !... et espère !... »

Ce dernier mot fut prononcé tout bas, mais il eut la puissance, néanmoins, de bouleverser le chevalier, qui tressaillit des pieds à la tête.

« Qui donc es-tu ? » balbutia-t-il.

Le geôlier lui secoua de nouveau le bras, comme s'il eût voulu se débarrasser de son étreinte, mais il ajouta sourdement:

« Espère !... on la sauvera peut-être... »

Déjà la belle jeune fille était hors du préau.

Au moment où elle en franchissait le seuil, elle s'était retournée, adressant au chevalier un dernier regard et un dernier sourire, — l'adieu d'un ange quittant la terre et qui croit à un monde meilleur.

. . . .

CHAPITRE DEUXIEME

II

Le club des masques.

Depuis longtemps les prisonniers étaient rentrés dans leurs cellules respectives, après avoir pris en commun le repas du soir.

Le chevalier de Rochemaure, accroupi sur la paille de son cachot, la tête dans ses mains, versait des larmes silencieuses et songeait à cette jeune fille si belle, si rieuse, dont le dernier jour était arrivé.

« O mon Dieu ! murmura-t-il, c'est la seconde depuis un mois que je vois aller à la mort... Qu'est elle devenue, *l'autre ?* celle que j'espérais sauver, et que j'ai vainement cherchée pendant les huit jours qui ont précédé mon arrestation. Ils l'ont arrêtée sans doute, massacrée peut-être... Morte ! morte ! elle aussi !.. »

Le bruit d'une clef fit tressaillir le chevalier; et l'arracha à sa douloureuse prostration.

La porte de son cachot s'ouvrait, et un homme entrait, précédé par la blafarde clarté d'une lanterne.

C'était le geôlier.

Soudain le chevalier se souvint des mystérieuses paroles que cet homme lui avait murmurées à l'oreille dans le préau.

Jamais le geôlier n'entrait dans son cachot à pareille heure.

Aussi cette visite inattendue fut-elle pour le chevalier ce qu'est la lueur soudaine d'un phare pour le marin perdu sur une mer orageuse semée d'écueils.

Le geôlier avait un instant posé un doigt sur ses lèvres, et jeté dans un coin un paquet de hardes qu'il avait sous le bras.

Tout cela impressionna si fort le chevalier, que ses larmes cessèrent de couler, et qu'il regarda le geôlier avec une curiosité ardente.

« Viens-tu donc me sauver ? » lui dit-il.

Le geôlier était un homme trapu, entre deux âges, la figure ensevelie sous une épaisse barbe noire, le front caché par son bonnet rouge.

Cet homme était taciturne, brutal, paraissait fort exalté contre les aristocrates, et se vantait d'avoir assisté de si près à l'exécution de Louis Capet, qu'un jet de sang était venu le frapper au visage.

Il referma la porte du cachot sur lui et posa sa lanterne à terre.

« Viens-tu me sauver ? répéta le chevalier.

— Citoyen, répondit le geôlier, aussi vrai que je me nomme Joseph Nicolas Santeuil, et que je suis un honnête homme, je te jure que je n'ai jamais manqué à mon devoir ni pour or, ni pour argent, en favorisant l'évasion d'un détenu.

— Alors, que viens-tu faire ici ?

— Je suis chargé d'une commission pour toi.

— Par qui ?

— Par des gens qui s'intéressent à toi.

— Et pas à elle ? demanda le chevalier qui songea avec amertume à la belle mademoiselle de Verinières.

— A toi et à ceux que tu aimes.

— Quels sont ces gens-là ?

— Je ne puis te les nommer.

— A ! dit le chevalier avec indifférence. Eh bien, que me veulent-ils ?

— Je suis chargé d'exiger de toi un serment.

— Lequel ?

— Celui de rentrer avec moi dans ton cachot avant le jour.

— Tu veux donc me faire sortir d'ici ?

— J'ai ordre de te conduire quelque part, — dans un lieu où tu pourras peut-être traiter de ta liberté et de celle de la femme que tu aimes. Mais je n'y consentirai que si tu me fais le serment de revenir ici avec moi.

Cette proposition singulière plongea le chevalier dans une sorte de stupeur.

« Il est minuit, citoyen, dit le geôlier ; le jour paraît à cinq heures, car nous sommes au mois de mars, et il est temps de se décider.

— Eh bien, répondit M. de Rochemaure, le serment le plus sacré pour un gentilhomme étant sa parole d'honneur, je te donne la mienne, citoyen, que je ne te quitterai point, et rentrerai avec toi ici aussitôt que tu le voudras.

— C'est bien, venez alors. »

Le geôlier développa le paquet de hardes.

« Tenez, dit-il, voilà un uniforme de municipal, endossez-le. Toutes les portes s'ouvriront devant nous et les sentinelles nous laisseront passer.

Le chevalier changea de costume en un clin d'œil, et se coiffa du tricorne que le geôlier avait sous son bras.

Puis il passa un sabre en bandoulière, et se donna, en un tour de main, la tournure d'un véritable municipal.

Le geôlier le fit sortir du cachot qui donnait sur un corridor au bout duquel était une sentinelle.

Le chevalier la lui montra en le poussant du coude.

« Ne craignez rien, dit le geôlier, il est des *nôtres*. »

Et comme ils passaient devant la sentinelle, il prononça ces mots à mi-voix.

« Masques rouges ! »

La sentinelle s'effaça et ils continuèrent leur chemin.

A partir de ce moment, personne ne fit

plus attention au faux municipal, qui toujours guidé par le geôlier, armé de son trousseau de clefs, arriva jusqu'à la petite porte qui donnait sur le quai.

Un de ces épais brouillards que l'hiver traîne à sa suite montait du fleuve jusqu'aux toits des maisons, qu'il dentelait d'une façon bizarre.

« Où allons-nous ? demanda M. de Rochemaure.

— De l'autre côté de l'eau. »

Ils remontèrent jusqu'au pont Neuf, le traversèrent et s'enfoncèrent dans la rue du Roule qui descendait alors jusqu'à la pointe Saint-Eustache.

Le brouillard était si épais qu'ils n'y voyaient pas à trois pas devant eux.

« Voilà une vraie nuit d'aventures, » dit le geôlier.

Le chevalier jusqu'alors silencieux, lui dit brusquement :

« Puisque tu sers des gens qui se disent mes amis, tu ne refuseras pas de me donner un renseignement.

— C'est selon...

— Où a-t-on conduit les trois prisonniers qui sont mandés à la barre du tribunal révolutionnaire ?

— Ils ont été jugés à six heures du soir.

— Ah!.. fit le chevalier avec un frisson...

— Naturellement.

— Mais après?... fit le jeune homme avec angoisse.

— On les a ramenés à la Conciergerie. »

Le chevalier respira.

« *Elle* aussi, n'est-ce pas ?

— Elle aussi. On doit les exécuter demain, à deux heures. »

Le chevalier sentit tout son sang affluer

à son cœur, tandis qu'un frisson glacé parcourait ses veines.

« Mais, dit le geôlier, tout dépend de toi, citoyen ?

— De moi ?

— Oui. Si tu acceptes les conditions qu'on te posera.

— Ah! fit-il avec un élan de généreux enthousiasme, qu'on me prenne à sa place, mais qu'elle vive ! »

Le geôlier ne répondit pas.

Ils avaient marché rapidement et étaient arrivés à l'entrée de la rue Montorgueil.

« C'est par ici, » dit le geôlier.

Ils entrèrent dans la rue Montorgueil, qu'ils suivirent jusqu'à celle du Renard-Saint-Sauveur.

Le geôlier s'arrêta.

« Maintenant, citoyen, dit-il, j'ai encore un serment à te demander.

— Parle.

— Il peut se faire que tu n'acceptes pas les conditions qui vont t'être posées. Si cela arrive, jure-moi que tu ne révéleras rien de ce que tu auras vu et entendu.

— Je te le jure, citoyen. »

Le geôlier, toujours suivi par M. de Rochemaure, fit encore quelques pas, puis il s'arrêta au milieu de la rue du Renard, devant une maison de chétive apparence, dont toutes les fenêtres étaient closes, — et il frappa à la porte trois coups régulièrement espacés.

La porte, — une porte bâtarde, étroite et basse, rendit sous le poing du geôlier, un son mat et plein, comme s'il eût frappé sur un mur.

« Mais cette maison est inhabitée! observa le chévalier.

— Non, » répondit le geôlier.

En effet, peu après la porte s'ouvrit, et le chevalier pénétra dans une allée humide et sombre, pleine d'obscurité et de mystère.

« Marchez tout droit devant vous, » dit le geôlier, qui referma la porte derrière lui.

Le chevalier fit une trentaine de pas dans les ténèbres ; puis tout à coup une clarté se fit.

« Qui est là ! dit une voix.

— Celui que les Masques Rouges attendent, » répondit le geôlier.

Une main s'étendit alors vers les mains du chevalier, un homme dessina sa noire silhouette entre lui et cette clarté qui brillait, et la voix inconnue ajouta :

« Suivez-moi ! »

Le chevalier était brave ; il l'avait prouvé maintes fois, et depuis un mois il s'attendait à mourir.

Cependant cette course nocturne, cette marche dans les ténèbres, le son de cette voix, l'étrangeté de sa situation, tout, jusqu'à cette clarté rougeâtre qui brillait devant lui, l'impressionnait au plus haut degré.

La lumière vers laquelle il marchait s'échappait d'une porte entrebâillée, que l'homme qui marchait devant lui ouvrit toute grande.

Le chevalier se trouva alors sur le seuil d'une petite salle dépourvue de meubles, et sur les murs de laquelle une lampe de fer, suspendue au plafond, projetait sa lueur vacillante et douteuse.

Au fond de cette salle était une autre porte sous laquelle passait un flot de lumière plus vive, et derrière laquelle le chevalier entendit un murmure de voix confuses.

Alors il regarda celui qui venait de le prendre par la main.

Cet homme, enveloppé des pieds à la tête, dans un grand manteau, avait le visage couvert d'un masque de velours rouge.

Tandis que le chevalier de Rochemaure l'examinait avec curiosité, cet homme lui dit :

« Vous êtes le chevalier de Rochemaure ?

— Oui.

— Vous avez fait le serment de ne rien révéler de ce que vous verriez et entendriez ?

— Je vous le renouvelle.

— C'est bien, dit l'inconnu, qui ouvrit les plis de son manteau et en tira un masque rouge comme le sien.

— Prenez cela, dit-il, car dans la réunion où vous allez pénétrer chacun doit demeurer inconnu.

Le chevalier appliqua le masque sur son visage, et son guide lui jeta sur les épaules un grand manteau semblable à celui qui l'enveloppait.

Puis son guide alla frapper trois coups à cette porte sous laquelle passait un rayon lumineux.

« Qui frappe ? demanda une voix.

— Masques rouges !.. » répondit l'inconnu.

La porte s'ouvrit.

Le spectacle qui s'offrit alors aux regards du chevalier de Rochemaure était bizarre et saisissant.

Il était au seuil d'une grande salle voûtée qu'un pilier soutenait au milieu.

A gauche du pilier était une table exhaussée sur une estrade.

Devant cette table était un fauteuil, — sans doute celui du président de quelque mystérieuse assemblée.

A l'entour de la table une douzaine d'hommes causaient à voix basse.

Ils étaient revêtus de grands manteaux comme le chevalier et son guide, et comme eux ils portaient des masques rouges.

A droite du pilier se trouvait un objet étrange, un tréteau de un mètre de haut, surmonté de deux grands bras peints en rouge, entre lesquels étincelait une lame triangulaire.

C'était une guillotine en réduction, pourvue de tous ses accessoires, depuis l'escalier jusqu'à la lunette destinée à maintenir le cou, depuis la mannette d'osier qui devait recevoir le corps du supplicié jusqu'à la sébille dans laquelle tombait la tête après le passage du couteau.

Les murs de la salle étaient peints en en rouge comme l'instrument de mort.

Au bas de l'escalier, il y avait un bourreau qui paraissait attendre le chaland, comme un honnête marchand de draps ou d'épiceries attend la pratique au seuil de son magasin.

Le chevalier, stupéfait, regarda tour à tour la machine, le bourreau et les hommes qui se trouvaient là ; puis ses yeux se fixèrent sur un objet qui, vu le temps présent, était plus extraordinaire encore.

C'était une immense pancarte blanche, placée au fond de la salle, sur laquelle se détachait, en lettres noires d'un pied de longueur, le curieux avertissement que voici :

ICI

on ne parle pas politique !

M. de Rochemaure contemplait tour à tour depuis cinq minutes le groupe d'hommes masqués, la salle, que des branches à huit bougies, placées de chaque côté du pilier, éclairaient, la guillotine qui paraissait attendre le patient, et cette pancarte qui défendait en l'an II de la République, le seul et unique objet de conversation qui fut alors dans toutes les bouches.

Nul n'avait paru faire attention à lui, à l'exception du bourreau masqué comme les autres, et qui attacha sur lui un regard qui lui arracha un léger frisson. Malgré lui, le chevalier se remémora ces lugubres et mystérieuses réunions du moyen âge, qui, sous le nom de francs-juges, avaient jeté la terreur par toute l'Allemagne.

Tout à coup un coucou de la forêt Noire, appliqué contre le pilier, fit entendre un bruit métallique et sonna une heure du matin.

Aussitôt un des hommes masqués se détacha du groupe et alla prendre place au fauteuil avancé devant la table.

En même temps, celui qui avait servi de guide au chevalier de Rochemaure le fit asseoir sur une banquette, et tous les autres personnages qui se trouvaient dans la salle s'assirent pareillement à l'entour de la table.

Le président agita une sonnette, et le plus grand silence s'établit :

« Citoyens, dit-il, je vais faire l'appel par numéro. Chacun de vous, en se levant à son numéro d'ordre sera tenu de prononcer le mot de passe qui lui est particulier. Nous devons nous défier avant tout de la police et des traîtres. Numéro 7, êtes-vous là ? »

Un masque rouge se leva et répondit :

« L'avoine est chère.

— Numéro 3, êtes-vous là ?

Un autre masque répliqua en se levant :

« La nuit est froide.

— Numéro 19 ? »

Un masque se leva encore et dit :

« J'aime la couleur violette. »

Chaque masque interpellé à son tour et désigné par un numéro choisi au hasard, pour plus de sûreté, constata son identité par un mot de passe.

Alors le guide du chevalier se pencha vers lui et lui dit tout bas :

« Vous avez le numéro 17.

— Bien, que dois-je répondre ?

— *Le brouillard est humide.* »

Comme le chevalier s'inclinait, le président appela :

« Numéro 17.

— Me voilà ; répondit M. de Rochemaure ; et je trouve, citoyen président, que le brouillard est humide.

— C'est bien, dit le président. Je vois que notre nombre habituel est au complet, sauf un de nos membres, le numéro 11, qui a été arrêté hier, condamné aujourd'hui, et qui doit être guillotiné demain. »

Cette nouvelle ne parut produire aucune impression sur l'assemblée.

« En revanche, continua le président, nous avons un postulant, le numéro 17, à qui nous allons lire les statuts de l'association. »

Tout ce qu'il voyait et entendait depuis une heure avait tellement fatigué la curiosité du chevalier de Rochemaure, que les dernières paroles du président n'ajoutèrent rien à sa surprise.

Celui-ci déplia une sorte de cahier manuscrit, qu'il plaça devant lui, puis il agita de nouveau la sonnette, en disant :

« Silence, citoyens, la séance est ouverte!

III

La prime quotidienne.

En même temps que le président des masques rouges dépliait son manuscrit, un des membres de l'assemblée était venu s'asseoir au bout de la table et avait tiré de sa poche une plume, une écritoire et du papier.

C'était le secrétaire chargé de la rédaction des procès-verbaux.

Le président interpella directement alors le chevalier :

« Numéro 17, levez-vous ! »

Le chevalier se leva.

« D'où venez-vous ?

— De la Conciergerie.

— Qui vous en a fait sortir ?

— Un homme à qui j'ai juré d'y rentrer avant le jour.

— N'avez-vous pas fait un autre serment ?

— Celui de ne pas révéler ce que je verrai et entendrai.

— Renouvelez-vous ce serment ? »

Le chevalier leva la main :

« Je jure sur l'honneur de me taire, »
dit-il.

Le président fit un signe d'assentiment et
continua :

« Lorsqu'on vous a proposé de venir ici,
saviez-vous le sort qui vous attend ?

— Oui, citoyen, je m'attends à être jugé,
condamné et exécuté.

— Etes-vous résigné à votre sort ?

— Oui.

— Alors quel mobile vous a amené ?

— Le désir de sauver, si faire se peut, une personne qui m'est chère, et qui doit, demain, aller à l'échafaud.

— Dès à présent, reprit le président, je dois vous donner quelque espoir. La personne dont vous parlez et qui s'appelle Armande, de son prénom.

— C'est bien cela.

— Cette personne ne sera point exécutée

demain. Un sursis lui a été accordé cette nuit même. »

Un de ces soupirs de soulagement comme en poussent seuls ceux sur qui pesait un poids énorme dont on les soulage tout à coup souleva alors la poitrine du chevalier ; des larmes coulèrent sous son masque, et il regarda tous ces hommes qui lui étaient inconnus, comme des frères.

« Numéro 17, poursuivit le président, je

tenais à calmer tout d'abord vos angoisses, car je sais que vous êtes brave jusqu'à la témérité, et n'avez jamais redouté la mort pour vous-même. A présent, nous allons vous initier à nos secrets et vous lire nos statuts. Asseyez-vous. »

Tout cela était si étrange, même à cette époque de sinistre étrangeté, que le chevalier s'était demandé plusieurs fois déjà s'il n'était pas le jouet de quelque rêve épouvantable qui le cauchemardait sur la paille de son cachot.

Le président lut d'une voix claire et sonore :

« A tous les âges, chez tous les peuples, et même chez les animaux, un sentiment a dominé tous les sentiments, l'instinct de la conservation.

» De tout temps les hommes se sont ligués contre le danger, comprenant que là où l'individualité succombait, l'être collectif était à peu près sûr du triomphe.

» Comme les chevaux sauvages qui se groupent en colonne compacte lorsqu'ils sont attaqués par les loups, aux heures de péril suprême, les hommes se sont réunis tantôt autour d'un drapeau qui flottait au vent, tantôt autour de quelque signe mystérieux de ralliement, faisant abnégation de leurs rancunes, de leurs passions et de leurs idées. Les hommes assemblés ici appartiennent à tous les partis, à toutes les opinions.

» Les uns sont demeurés fidèles au régime renversé, les autres sont revenus d'Amérique avec le sentiment d'une liberté sans limites; les uns sont gentilshommes, les autres appartiennent à cette bourgeoisie française que naguère on appelait le tiers.

» Il en est parmi nous qui siégent bien

près du pouvoir établi ; d'autres qui ont été ministres du culte, d'autres qui sont les partisans les plus enthousiastes de la République et des idées nouvelles.

» Celui qui vient ici ne doit point s'imaginer qu'il a franchi le seuil de quelque club réactionnaire où on médite le renversement des pouvoirs établis et la restauration du pouvoir renversé.

» Le club des masques rouges, avant

de se constituer, a fait prêter à chacun de ses membres le serment qu'il laisserait à la porte ses opinions, ses haines, ses rancunes et ses affections.

» Le club a écrit ces mots sur le fronton de son temple :

Ici on ne parle pas politique!

» Quel est donc son but ?

» Le club des masques rouges est une association, une compagnie d'assurance contre la guillotine, — cet ennemi commun de tous, ce minotaure qui attend patiemment chaque parti, à son jour et à son heure.

» Un grand homme de ce temps-ci, un orateur fougueux, un cœur bouillant et sage à la fois, a dit un jour à la tribune de la Convention :

« La Révolution, semblable à Saturne, dévore ses enfants. »

» Pénétrés de cette vérité, nous nous sommes réunis ; et, sous ce masque qui nous couvre, inconnus pour la plupart les uns aux autres, n'ayant qu'un mot de ralliement, comme les francs-maçons n'avaient qu'un signe, nous avons fondé le club des *Masques rouges*, dont voici les statuts :

» Art. 1er. — Les membres sont solidaires les uns des autres. Chacun d'eux s'oblige à mettre tout en œuvre pour sauver de l'échafaud celui où celle qui lui sera désigné par le club, — cette personne fût-elle pour lui un ennemi privé.

» Art. 2. — Les membres du club, en liberté, se réuniront chaque nuit, à tour de rôle, au nombre de trois au moins, pour prendre les mesures d'urgence qui seront jugées nécessaires.

» Art. 3. — Aucun pouvoir, aucune force, en ce monde, ne pouvant être constitués sans argent, chaque membre du club sera tenu de verser dans une caisse commune une somme quotidienne fixée selon la fortune et les ressources dont il dispose.

» Avec les sommes produites par cette cotisation, le club pourra gagner des agents, expédier des courriers, corrompre des subalternes, etc, etc.

» Art. 4. — De même que les membres du club qui appartiennent par leur opinion, leurs tendances, leurs amitiés et leurs influences au pouvoir actuel garantissent leur concours à ceux que le pouvoir traque et persécute, ces derniers prennent des engagements identiques pour le cas et l'heure où leur parti triompherait.

» Art. 5. — Tout membre du club qui oublierait de verser quotidiennement sa prime d'assurance serait considéré comme démissionnaire, et, dès lors, on ne s'occuperait plus de lui.

» Art. 6. — Tout membre du club, en payant une prime double où simple, suivant les circonstances, pourra sauver une personne à laquelle il s'intéresse particulièrement.

» Art. 7. — Le lieu des réunions variera suivant les circonstances et selon que le président et les membres du conseil de surveillance le jugeront nécessaire.

» Art. 8. — Le secret le plus absolu est obligatoire.

» Art. 9. — Afin de pénétrer chacun de ses membres de la terrible nécessité de notre association, le club décide que dans chacune de ses réunions une guillotine demeurera en permanence.

» Art. 10. — Si quelqu'un des membres du club était convaincu soit de trahison, soit d'une indiscrétion ayant mis en péril l'existence de l'association, il pourrait être jugé séance tenante, lié sur la guillotine que nous avons à notre disposition et exécuté sur l'heure. »

L'article *dixième* était le dernier.

Le président reprit haleine, puis il s'adressa de nouveau au chevalier de Rochemaure :

« Numéro 17, dit-il, vous avez parmi nous des amis ardents qui mettront tout en œuvre pour vous sauver, vous et celle que vous aimez. Consentez-vous à faire partie du club ?

— Oui, citoyen. Seulement, je demande à faire part au club d'une légère difficulté.

— Parlez.

— Quand j'ai été arrêté, on m'a pris tout ce que je possédais ; et, pour payer la prime exigible, il me faudrait aller loin de Paris, à près de deux cents lieues, où j'ai enterré une somme importante.

— Nous savons cela. »

Le chevalier tressaillit.

« Ne vous inquiétez pas, reprit le président. Un mot de vous nous suffira. Nous savons que vous avez enfoui, dans un bois de chênes, à quelque distance de votre château, qui a été rasé récemment, une somme importante en or et en billets de la Banque de Hollande.

— C'est vrai.

— Un seul homme vous assistait dans cette opération.

» Cela se passait le 9 décembre de l'an 1791, et vous deviez partir pour Paris le soir même. L'homme qui vous assistait est un pêcheur que nous connaissons et qui vous est tout dévoué.

Je le crois, du moins.

— Venez prendre cette plume et signez-nous un bon de deux mille louis, payables chez le pêcheur en question. »

Le chevalier, désormais le numéro 17,

se leva et vint prendre la chaise que lui céda le secrétaire.

Puis il écrivit avec la plume qu'on lui tendit :

« Je prie Martin Devaux de payer pour
» mon compte au porteur, et dans le but
» de me sauver de la guillotine, la somme
» de deux mille louis.

» Rochemaure. »

Le président prit ce singulier billet à

ordre, le plia et le mit dans sa poche sans

que ni le secrétaire, ni aucun membre du

club eussent pu lire le nom du signataire.

Puis il ajouta :

« Numéro 17, il ne vous est pas possible,

aujourd'hui, d'assister à la séance, qui sera

longue d'abord, et dans laquelle, ensuite,

on discutera les moyens à employer pour

vous sauver, vous et la personne à qui vous

vous intéressez. Il faut que vous rentriez à

la Conciergerie avant le jour. Maintenant, avant de nous quitter, jurez fidélité aux statuts. »

Le chevalier posa la main droite sur le cahier que lui présentait le citoyen président, et dit d'une voix forte :

« Je jure d'être fidèle aux statuts qui régissent l'association des Masques rouges ! »

Alors celui qui lui avait servi de guide le prit par la main et lui dit une seconde fois

« Venez! »

Le chevalier salua et sortit au moment où le président disait :

« La parole est au citoyen secrétaire pour la lecture du procès-verbal de la dernière séance. »

. . . .

Dans la petite salle qui servait pour ainsi dire d'antichambre à celle où se tenait l'assemblée des masques rouges, le chevalier retrouva le geôlier de la Conciergerie.

« Otez votre manteau et votre masque, lui dit son guide; je vous connais, moi...

— Ah! fit le chevalier.

— Je sais bien, reprit l'inconnu, que ma voix, passant à travers le masque, n'est plus la même, sans cela vous la reconnaîtriez. »

Le chevalier tressaillit, et son regard

chercha à deviner l'homme dont les yeux noirs brillaient à travers le velours rouge.

« Qui donc êtes-vous ? » lui dit-il.

L'inconnu mit un doigt sur sa bouche.

« Vous le saurez quelque jour... mais à présent je dois me taire.

» Vous souvenez-vous de l'auberge du Corbeau vivant ?

— Oh! oui, s'écria le chevalier. Serait-ce toi, baron ? »

L'inconnu secoua la tête.

« Non, dit-il, mais je sais ce qui s'est passé dans la nuit du 20 au 21 janvier.

— Eh bien pourriez-vous me dire ce que sont devenus tous ceux qui s'y trouvaient ?

— Peut-être...

— L'hôtelier est mort, par exemple, je l'ai assommé d'un coup de crosse de mousquet.

— Celui-là est mort. Mais la Mayotte

vit, et le Marseillais aussi. Quant à cette vieille canaille d'intendant voleur, il est resté étendu baignant dans son sang, mais il aurait bien pu en réchapper.

— Et la jeune fille ?

— Elle s'est sauvée avec l'Allemand.

— Je le sais, mais que sont-ils devenus ? »

La voix du chevalier tremblait.

« Ah ! mon pauvre Rochemaure, dit le masque rouge, tu as eu beau te faire gendarme et te coiffer du tricorne de la maréchaussée, tu es demeuré le beau chevalier au cœur sensible et vaste dans lequel deux femmes tenaient toujours à l'aise. Tu aimes mademoiselle de Vérinières, mais cette petite te plaisait, hein?

— J'avoue, répondit le chevalier avec franchise, que tant de grâce, de jeunesse et d'innocence m'avaient touché..., et bien souvent, depuis un mois, j'ai revu dans mes rêves cette rayonnante et candide figure de jeune fille... O mon Dieu ! pourvu...

— Rassure-toi, elle vit.

— Et elle est libre? demanda le chevalier en frissonnant.

— Elle a trouvé une protection miraculeuse en arrivant à Paris; mais elle est entourée de dangers, et il n'est pas trop tôt que tu sortes de prison pour veiller sur elle.

— Mais où est-elle enfin ?

— Dans l'hôtel de l'ambassade d'Espagne. »

Le chevalier respira. C'était le seul lieu à Paris, la seule maison où la police du tribunal révolutionnaire n'eût pas le droit de perquisition.

Le masque rouge prit la main du chevalier :

« Adieu, dit-il, et à bientôt... »

Puis il rentra dans la salle des séances, tandis que le chevalier se disait :

« Mais qui donc est-il ?

— Citoyen, fit durement le geôlier, je n'ai pas envie de perdre ma place, allons-nous-en ! »

Le chevalier suivit son gardien, et une heure après il était rentré dans son cachot, et, vaincu par la fatigue, en proie à mille émotions diverses, il finissait par s'endormir sur la couche de paille qui lui servait de lit.

. . . .

Midi sonnait quand le chevalier s'éveilla.

On avait ouvert, selon la coutume, la porte de sa cellule, et il lui était loisible de descendre au préau, ce à quoi il ne manqua pas.

Les prisonniers avaient recommencé le terrible jeu de la guillotine, tout en s'interrogeant tout bas sur le sort des trois compagnons qui leur avaient été enlevés la veille.

Mais personne, parmi eux, ne manifestait ni douleur ni épouvante. Chacun s'attendait à son sort. Aujourd'hui, c'était le tour des uns, demain le tour des autres.

A une heure, le terrible greffier entra dans le préau sa liste à la main.

Le tribunal révolutionnaire, ce jour-là, était moins modeste que la veille, il ne se contentait point de trois victimes, il en demandait quatorze.

L'homme vêtu de noir, l'accusateur public, pour rire, fut appelé le premier.

« Je savais bien, dit-il en souriant, que mes fonctions me porteraient malheur tôt ou tard. »

Le quatorzième nom placé sur la liste était celui du chevalier de Rochemaure.

« Aura-t-on le temps de me sauver? » pensa-t-il en montant dans la voiture qui le conduisait au tribunal.

Ses interrogatoires furent sommaires.

En cinq minutes on interrogeait un homme, on le jugeait et on le condamnait.

Puis on le faisait sortir de la salle, et dès lors ses compagnons ne le revoyaient plus qu'au moment d'aller avec lui à l'échafaud.

Le chevalier passa le dernier. Il répondit nettement aux questions qui lui furent adressées.

Il avoua se nommer le chevalier de Rochemaure, ancien mousquetaire; il convint d'être entré dans la gendarmerie républicaine sous le nom de Jean-Népomucène Denis, et d'y avoir été l'un des chefs d'une conspiration qui avait pour but d'enlever Louis XVI à sa sortie du Temple, au moment où on le conduirait à l'échafaud.

Le chevalier fut condamné.

Quand il sortit, la tête haute, de la salle du tribunal, il fit cette réflexion :

« Si, d'ici à demain deux heures, les masques rouges ont le temps de me sauver, ils n'auront pas volé mes deux mille louis. »

Mais à la porte du tribunal, le chevalier recula d'un pas, frissonna et pâlit.

A la place de la voiture cellulaire qui l'avait amené, il aperçut la charrette, l'ignoble charrette qui conduisait tout droit à la guillotine, et, dans cette charrette, ses treize compagnons entassés, les uns calmes et résignés, les autres poussant des cris; d'autres encore en proie à une stupeur profonde. — car tous s'étaient attendus à vivre vingt-quatre heures encore...

« Montez! lui dirent les deux municipaux entre lesquels marchait le chevalier.

— Allons! murmura Rochemaure en

retrouvant sa calme fierté et laissant errer un sourire sur ses lèvres, voilà deux mille louis flambés ! »

. . . .

CHAPITRE QUATRIEME

IV

Le Gueux de la Vieille.

Le brouillard qui, pendant la nuit, avait plané sur Paris, ne s'était point dissipé.

Bien qu'on fût alors au mois de mars, le

jour était bas et douteux, et, durant le trajet, les yeux du chevalier ne purent voir la cime des toits qu'enveloppait la brume comme un funèbre linceul.

Lorsqu'il était monté dans la charrette, un homme en veste rouge, coiffé d'un bonnet de même couleur, s'était approché de lui et lui avait lié les mains derrière le dos. C'était un des valets de Sanson, l'exécuteur des hautes œuvres.

Le trajet fut long; les rues étaient encombrées de monde. Chacun se pressait sur le passage de la charrette. Les uns vociféraient des menaces, les autres plaignaient les condamnés.

A plus d'une fenêtre, le chevalier vit flotter un mouchoir agité en signe d'adieu par une main émue.

Partout il entendit des cris, des murmures, des exclamations d'enthousiasme pour la République, et quelques mots réprobateurs.

La charrette, entourée par un détachement de municipaux et de gendarmes à cheval, avançait lentement, car sur son passage la foule devenait de plus en plus compacte.

Quelques personnes avaient entonné *la Marseillaise*.

Des *tricoteuses* en retard se pressaient pour regagner le temps perdu.

« Moi, disait une affreuse vieille qui suivait la charrette en portant dans ses bras une de ces chaufferettes en terre auxquelles on a donné le nom de *gueux*, j'aime bien voir ça, dame ! mais j'aime à avoir mes aises... faut que j'aie chaud... sans ça, il n'y a plus de plaisir ! »

Elle aperçut le chevalier et le regarda.

» Je gage, mon petit, lui dit-elle, que vous avez froid aux mains... »

Le chevalier sourit.

« Un peu, répondit-il, mais je n'en ai pas pour longtemps...

— Hé! hé! ricana la vieille, on ne sait pas... Quel numéro avez-vous ?

— Quatorze, ma bonne femme.

— Ça fait treize à passer avant vous... C'est long! »

Le chevalier regarda le ciel d'un air qui semblait dire :

« Je me réchaufferai là-haut!, »

Mais la vieille était tenace dans son idée.

« Voyez-vous, mon petit, dit-elle, j'ai l'habitude de la chose, moi, je vois ça tous les jours...

— Ah ! fit le chevalier en souriant.

— Faut au moins cinq minutes par personne... Total, soixante-dix minutes. Vous voyez que j'avais le compas dans l'œil en vous disant que vous en aviez pour une heure... car je ne compte pas vos cinq minutes à vous... Quand vous serez monté, vous n'aurez plus froid...

— Je le crois, dit le chevalier toujours calme.

— Mais voyez-vous, poursuivit la vieille, aussi vrai que je m'appelle Gothon et que j'étais portière rue Saint-Denis, je vous jure que cette heure-là ça vous paraîtra long.

— C'est possible, ma bonne femme.

— D'autant qu'il fait un froid de loup aujourd'hui. Ah ! la Commune est bien avare, mon petit... de laisser ainsi geler le pauvre monde !... Est-ce qu'elle ne pourrait pas faire chauffer la place de la Révolution, puisqu'elle chauffe les ministères? Au moins, on serait là comme chez soi ! »

L'étrange babil de la vieille avait fini par arracher un sourire à ceux des condamnés sur lesquels les épouvantements de la mort, comme a dit Bossuet, n'avaient pas de prise.

L'homme vêtu de noir, l'ex-fermier général, l'ex-accusateur public de la comédie de la guillotine, qui se trouvait dans la charrette à côté du chevalier, lui dit en riant :

« Cette femme s'imagine que nous allons là, comme elle, pour notre plaisir...

— L'affreuse canaille ! murmura avec dégoût l'ancien colonel du beau régiment de Flandre.

— Pauvre femme ! dit le chevalier avec douceur, si elle vient passer chaque jour deux heures près de la guillotine pour voir tomber des têtes, elle doit avoir bien froid.

— Mais non, la coquine ! répliqua l'abbé, celui qui la veille avait demandé les fonctions de bourreau pour rire, ne voyez-vous pas qu'elle a un *gueux* ?

— Eh bien, dit le chevalier, ça lui coûte de l'argent... C'est une preuve qu'elle est à son aise.

— Bien parlé ! mon petit, s'écria la vieille, qui s'acharnait à suivre la charrette et n'avait pas perdu un traître mot de la conversation des condamnés. Oui, tu as raison, je suis à mon aise, j'ai des épargnes, et on ne dira jamais que Gothon, l'ancienne portière du 184, rue Saint-Denis est une malheureuse ! »

Le chevalier continuait à lui sourire, mais son âme et sa pensée étaient ailleurs.

La vieille poursuivit :

« Aussi, puisque tu as si bien parlé, Gothon ne sera pas ingrate. Je veux que tu te chauffes à mon gueux pendant qu'on expédiera les aristocrates qui m'insultent !

Je t'aime, quoi !... Si j'avais une fille, je te la donnerais en mariage !..

— Merci bien, » dit le chevalier.

Gothon continua en se cramponnant d'une main à la charrette :

« Je suis bien avec les municipaux, moi. Ils m'ont vu tricoter dix paires de bas depuis que la machine est en fonction ; ils me connaissent tous et savent que je suis une fière patriote, va! Aussi ils me laisseront passer et arriver jusque dans le cercle qu'ils forment autour de la machine... Je veux faire la causette avec toi... c'est mon idée, na! et je veux que tu te chauffes à mon gueux ! »

Cette promesse faite, la vieille lâcha la charrette et retomba dans la foule.

Un moment le chevalier la suivit des yeux, puis elle disparut dans cet océan de têtes humaines, qui devenait de plus en plus houleux et agité à mesure que la charrette approchait de la place de la Révolution.

Alors le chevalier de Rochemaure se prit à songer à ces deux femmes qu'il aimait si différemment toutes deux : l'une, Armande, d'un brûlant amour; l'autre, Claire, d'une affection presque fraternelle, le sentiment protecteur de l'être fort pour l'être faible.

Et levant de nouveau les yeux au ciel, il se prit à prier ardemment pour elles.

Les masques rouges, qui n'avaient pas le temps de le sauver lui, Rochemaure, auraient-ils le temps de sauver Armande? protégeraient-ils mademoiselle Claire?

Une chose rassurait celui qui s'était appelé l'Aristo. La charrette était pleine, et Armande ne s'y trouvait pas...

Le président des masques rouges avait

donc dit vrai, elle avait obtenu un sursis !

Quand à mademoiselle Claire, n'était-elle pas sous la protection du drapeau espagnol ?

« Allons ! pensa le chevalier, je n'ai pas trop à me repentir d'avoir, cette nuit, assisté à la séance du club des masques rouges, Claire et Armande seront sauvées ! »

En ce moment la charrette arrivait sur

la place de la Révolution, au milieu de laquelle la guillotine élevait ses bras rouges au-dessus d'une foule immense qui fit entendre des cris d'enthousiasme à la vue de la charrette.

« Les voilà ! les voilà ! crièrent les femmes en cessant de tricoter leurs bas. »

— Combien sont-ils, mon mignon ? » demanda une vieille qui s'était assise, à la façon des tailleurs, sur un établi, et n'interrompit point son travail.

Elle s'adressait à un gamin de dix ans qui s'était juché sur le piédestal veuf de sa statue.

Le gamin compta.

« Il y a dix hommes, dit-il.

— Et combien de femmes ?

— Quatre.

— A la bonne heure! dit une voisine; au moins, on ne nous aura pas dérangées pour rien. Ça fait quatorze, nous en aurons pour une heure. »

La femme accroupie se leva et se dressa sur la pointe des pieds pour mieux voir.

La charrette venait de s'arrêter au bas de l'échafaud et les municipaux faisaient descendre les condamnés.

Quand le dernier eut mis pied à terre, la charrette s'éloigna.

Alors les municipaux formèrent un cercle autour des quatorze condamnés, et le greffier, qui assistait toujours aux exécutions, appela le numéro 1.

« Me voilà, dit l'ex-fermier général. Je remercie la Commune de me faire l'honneur de m'expédier le premier, et je te souhaite, greffier du diable, d'ébrécher un jour le couteau que je vais essayer. »

Puis il monta lestement les degrés de l'échachaud, tandis que les treize autres condamnés restaient au bas de l'échelle sous la surveillance des municipaux.

Les exécuteurs attendaient, au nombre de trois, Sanson et ses deux aides.

Le fermier général salua la foule, cria : *Vive le roi!* fit la bascule sur la planche fatale, et le couteau tomba.

FIN DU PREMIER VOLUME

les exécuteurs attendaient, au nombre de trois, Sanson et ses deux aides.

Le fermier général salua la foule, cria : Vive le roi ! fit la bascule sur la planche fatale, et le couteau tomba.

FIN DU PREMIER VOLUME.

TABLE

DES CHAPITRES DU PREMIER VOLUME

PROLOGUE.

L'Auberge du corbeau vivant.   3

Première partie.

Chapitre   I. La comédie de la guillotine.   159
—   II. Le club des masques.   205
—   III. La prime quotidienne.   247
—   IV. Le gueux de la vieille.   295

Wassy. — Imp. Mougin-Dallemagne.

TABLE

DES CHAPITRES DU PREMIER VOLUME

PROLOGUE.

L'Auberge du corbeau vivant. 3

Première partie.

Chapitre I. La comédie de la guillotine. 159
— II. Le club des masques. 205
— III. La prime quotidienne. 247
— IV. Le gueux de la vielle. 295

Wassy. — Imp. Mongin-Dalbonargne.

AVIS AUX PERSONNES QUI VEULENT MONTER UN CABINET DE LECTURE.

BIBLIOTHÈQUE

DES

MEILLEURS ROMANS MODERNES

2,100 vol. environ, format in-8°. — Prix : 2,500 fr.

Cette collection contient les NOUVEAUTÉS de nos auteurs les plus en vogue publiées jusqu'à ce jour par la maison, lesquelles sont accompagnées d'affiches à gravures et autres.
 Les Libraires qui feront cette acquisition recevront **GRATIS** *cent exemplaires du Catalogue* complet et détaillé *avec une couverture imprimée à leur nom* pour être distribués à leurs abonnés.
 La Maison traite de gré à gré pour un nombre moins considérable de volumes à des conditions très-avantageuses.
 Le prix de chaque ouvrage, pris séparément, est de *cinq francs* net le volume.
 Grandes facilités de payement moyennant les renseignements d'usage. Le Catalogue se distribue gratis aux personnes qui en feront la demande par lettres affranchies.

Wassy. — Imprimerie de Mougin-Dallemagne.

www.ingramcontent.com/pod-product-compliance
Lightning Source LLC
Chambersburg PA
CBHW062009180426
43199CB00034B/1750